育児用品ブランドの社員たちが
本気で悩み、考え、奮闘した育児の話

ピジョンの子育て

ピジョン出版プロジェクトチーム
【漫画】倉田けい

はじめに

Intoroduction

こんにちは。ピジョン出版プロジェクトチームの、ピジョン社員です。育児用品ブランドの「ピジョン」に勤めている、と話すと「育児にすごく詳しそう！」とか、「じゃあ、子育てのプロだよね？」と言われることがよくあります。が、いえいえ、そんなことはありません。私たちは、赤ちゃんや、赤ちゃんのお世話をするお母さんやお父さんの力になる製品をつくり、届けたいと、日々研究をしてはいますが、自分の「子育て」となれば、やっぱり初めて。世の多くのお父さんやお母さんと、全く同じなのです。

この本は、そんなピジョン社員の、親としてのありのままの姿をお伝えしたい、という思いから誕生しました。元となったのは、子どもが生まれた社員全員が会社に提出する「育児レポート」。男女を問わず課され、自身の育児経験をレポートとしてまとめたものです。２００６年にスタートし、今や２５０点という点数を数えるほどになりました。この育児レポートには、ピジョン社員が一人ひとり親として悩み、闘い、楽しんだ、等身大の記録が克明に刻まれています。

レポートの内容は社員なら誰でも閲覧できるようになっているため、商品開発に生かすこともありますし、社員個人が自身の育児の参考にすることもあります。けれど、何だか会社の中だけではもったいない。だって、読んでいると結構面白いんです……。

親としてスタートしたばかりの頃は、多くの人が、さまざまな不安を抱え、

悩み、試行錯誤するのではないでしょうか。でも、そんなとき、ほかの親の体験談を知ることで「ああ、こんなふうに悩んでいるのは自分だけじゃないんだ」と気づき、救われたという人も、たくさんいると思います。だからこの本も、そんなふうに使っていただけたら幸せだな、と考えています。

現在、ピジョンの社内には「ＰＦＡ（Pigeon Frontier Award）」という、本来の自分の業務とは関係なく、ピジョンの将来や社会の役に立つ、新しい取り組みを企画・提案できる場があります。ピジョン出版プロジェクトは、この場を経て晴れて入賞し、実現への道を歩みだしました。

「出版」は初めての私たちでしたが、手探りのなか、育児漫画で好評を得ている倉田けいさんをはじめとする、多くの出会いにも恵まれ、無事出版にこぎ着くことができました。これも一つの「子育て」であり、あれこれ考えたり迷ったりしながらも、とても楽しく形にすることができたと思っています。

この本が少しでも多くの方々に届き、何らかの救いとなることができたら、こんなにうれしいことはありません。

子育てをするすべての人が、より楽しく育児に向き合える未来を願って。

２０２３年１月吉日

ピジョン出版プロジェクトチーム一同

Contents

Chapter 3

苦労も喜びもさまざま それぞれの育児のカタチ

Chapter 4

違うことだらけ!? 海外の出産&育児事情

Chapter 5

ピジョン社員のアレコレ思い切って大公開！

本書をお読みいただく前に

◎本書は、2006〜2021年にピジョン社員が会社に提出した「育児レポート」を元に、新たに取材した内容も加え、構成しています。
本書内に記載の社員の年代や所属部署は、Chapter 1〜4はレポート執筆当時のもの、章末コラム・Chapter 5は本書制作時のものです。

◎レポートには時代背景が反映されており、必ずしも現在の実情と合致するものではありません。

◎各家庭の事情等に伴い、子育てには多様な考え方や方法が生まれます。本書の内容は、あくまでそのような状況での社員個人の感想や考え方を掲載するものであり、必ずしもピジョン株式会社の公式見解と合致するものではありません。

◎疾患や症状、育児法については、社員が親として情報収集したものであり、その専門性・正確性を保証するものではありません。

Chapter 1

ピジョン社員もびっくり!?
1人目育児は未知との遭遇

Pigeon's Report 1

1人目育児

恐怖の背中スイッチ

◎YSさん ◎1児のママ（30代／人事総務部）

家族、友人、会社の方々など、みなさんに助けていただきながら、毎日楽しく過ごしています。

2016年7月
初めての子どもとなる
息子が誕生！
育児用品を扱う
ピジョンに勤めて
6年になるけれど
実際の育児は
もちろん
初めてなわけで…
不安も
あるけど…
お母さん
頑張るからね！

3か月後――
スヤ…
よし…
ドキ
ドキ
ドキ
やるぞ…！
そろ〜り
くわっ
やった！ついに成功――
ああ
ひえ〜〜〜んっ
えっ…えっえっ
あ
あ
あ
あ
ああ
ああ
あ
あ
いあ〜〜んっ
あ

よしよし
びっくりしちゃったね〜
はぁ…
ひェーン
えっエッ
これが噂の「背中スイッチ」
泣きたいのはこっちだよ…
背中スイッチとは
あの手この手でなんとか寝かせた赤ちゃんが
寝てくれ〜
おっぱい
ミルク
抱っこ
おもちゃ
など
スヤァ…
布団に置かれた瞬間スイッチが入ったように起きてしまうことだよ★
カチッ
布団
ギャーン!
もう何度目かわからない挑戦…
わが子ながらなんと性能の高いスイッチをお持ちで…
まかせて!必ず起こしますので!
使命感

またやり直し…
今度こそ…！
うつら…
うつら…
頼む…
頼むぞ……
ハァ…
ハァ…
こんな
生活…
いつまで
続くの…!?

1か月後——
グッスーリ
え!?
背中スイッチが発動しなくなってる!?
なんで急に…?
あ…そういえば この前 実家に 帰ったときに 生活リズムが変わって
寝かしつけの時間が 少し遅くなってる からかも…
もしかして… 今まで 寝かしつけの時間 早すぎた?
ねんねよ〜
イエァァて
訳 まだ 寝たくないよォォォ
だから背中スイッチも 敏感だったとか…?

そっか
息子だって
毎日成長して
体力ついていって
るんだもんね
まだ元気♪
もっと
遊びたい♪
1か月前は本当に
心が折れかかってたけど
スイッチの
ばか!!
ええ〜!?
意外と簡単なことで
解決するもの
なんだな〜
これからもまた
色々悩むかも
しれないけど
それって
日々真剣に
子どもに向き合って
るってことだよね
これからも
よろしくね

Pigeon's Report 2

1人目育児

私の授乳奮闘記

母乳&ミルクの悩みと歩み

◎KKさん

◎1児のママ（30代／商品開発部）

手抜きスピード仕上げ料理が得意。「家事・育児は夫婦均等」がモットーの共働き夫婦です。

10分しぼってたった10㎖ 哺乳びんでミルクを飲む姿に嫉妬

1人目育児では何もかも初めての経験だが、「授乳」もその一つだ。私も自分のスタイルが確立するまでに紆余曲折があった。出産前は「出るなら母乳で、出ないならミルクで」と軽く考えていたのに、いざ長女が生まれてみると、何だかミルクを与えることにやや抵抗を感じるようになっていた。母乳にまつわる情報や言い伝え、周囲の人からのアドバイスもさまざまで、何を信じたらよいのか戸惑うことも多かった。

出産数日後、まず、おっぱいと腋《わき》の下の腫れと痛みに悩んだ。私は帝王切開だったが、自然分娩でなくても体が反応して母乳を作り始めるものらしい。驚いた。

さて、次なる悩みは、娘がうまく吸えないことだ。乳首をくわえさせてやっても、口をパクパクしているだけで吸われている感じがしない。

そこで、やむなく哺乳びんにさく乳することに。だがこれも、不慣れなため、10分しぼってたった10㎖という具合。悪戦苦闘の末、哺乳びんの一番下の目盛りにすら達しなくて、絶望的な気持ちになった。初乳をたくさんあげたい一心で、決められた授乳時間を過ぎても、娘を待たせてせっせとさく乳していて、助産師さんに注意されたこともある。帝王切開ゆえ、出産直後にミルクを与えられたわが子。ミルクの入った哺乳びんでぐいぐいと上手に飲む姿を見て「あなたはやっぱり、哺乳びんのほうが飲みやすいのね」と軽く嫉妬したりもした。

あの頃の私は、どこか意固地になっていたように思う。「しぼるくらいなら直接吸わせたほうがいいよ。そうしないと出るようにならないよ」という友人のアドバイスも、素直に聞けなかった。しぼることで量が見える。それにより、確実に母乳をあげられているということを実感し、安心したかったのかもしれない。

ミルクなしで頑張るも毎日寝不足でフラフラに

完全母乳を実践した姉からも、「母乳は吸わせていれば出るようになるよ。出したぶんだけ作られるから、ミルクをあげると出なくなるよ」とアドバイスを受け、ミルクなしで頑張ることにした。が、1、2時間おきに授乳という日が続き、毎日寝不足でフラフラに。そのうえ、乳首の皮がむけ、切れてしまった。吸わせ始めの瞬間は特に痛く、体にビリッと電気が走るような感覚が。乳頭保護器を使うも、うまく吸えないことが多く、結局は直接授乳。ひたすら痛みに耐えるしかなかった。また、生後1～3週間頃は、毎回律儀に授乳時間を携帯で測っていた。今現在のいい加減具合と大違いである。

娘の体重が増えていない！
落ち込み、すぐにミルクをプラス

生後3週間頃の産後健診の結果、母体は順調に回復しているとのこと。だが、娘の体重がたった200gしか増えていなかった。普通は1日に30～40g、3週間で700gくらい増えるようなのに。「母乳が不足しているから、ミルクを足すように」と言われ、大ショック。娘はぐずることもなく、よく寝てくれていたので、母乳は足りているとばかり思っていた。娘に申し訳ない気持ちでいっぱいになり、この日から、迷わずミルクを足すことにした。

ミルクを作ったり哺乳びんを消毒したりする手間を減らすため、1日のうち1回分の授乳をミルクに置き換えた。が、授乳間隔が空き、おっぱいがカチカチに。そこで、毎回、母乳をあげたあとミルクを40㎖足すことにした。いつかまた母乳だけにできるようにと、足すミルクの量は極力少なくしたのだ。ミルクを足すべきなのか、足すべきでないのか、相談する相手によってアドバイスが異なり、正直迷うことばかりだった。だが結局私は、ミルクをあげ続けた。ミルクをやめて、また体重が増えなくなったらと思うと怖かったから。

育児書に従い、合計30分かけていた授乳時間については、保健師からのアドバイスで、片方5分ずつ計10分に変えてみた。母乳は授乳中に一定量が出続けるわけではなく、最初の5分くらいで大半が出てしまうのだとか。授乳時間を短くしても娘の機嫌が悪くなることもなく、これでも大丈夫そうだと判断。時間が短くなったことで、だいぶ授乳がラクになった。

1か月健診で体重を測ると、今度は1日に80g増！　医師も驚いていた。体重が増えたことに安心しつつ、こんなに急激に増えて体に負担がかからないのだろうかと不安に。体重が増えても増えなくても心配になる。親というのはなかなか大変だ。それでも生後1か月の体重としては少なめで、混合を続けることにした。

授乳には、産前は想像できなかったさまざまな悩みが山ほどあった

生後3か月頃には、娘のほうもおっぱいの飲み方がずいぶん上手になった。吸う力も格段に強くなっている。だが、その後もミルクは、母乳の出が悪くなる午後から寝るまでの間に限り、継続した。ミルクを飲んだあとのほうが寝つきがよかったので、寝る前もミルクを足した。

ミルクは、授乳で夫の協力を得られるという点もよかったと思う。夫も、自分の手でミルクをあげられるのがうれしい様子。一連の流れを覚えてもらい、私の外出時に「じゃあ、よろしく！」と夫に託すことができるのも大きなメリットだ。ただし、私のおっぱいが張ってしまうため、終日のお出かけは無理だったけれど。

生後4〜5か月頃には、助産師をしている友人に「各回40㎖足すだけなら、もうミルクやめても大丈夫だよ」と言われた。娘は順調に大きくなっていて健康そのもの。もう大丈夫かなと思い、思い切ってミルクをやめた。やがて、生後半年頃には、母子ともにすっかり完全母乳に慣れた。

出産すると「母乳で育てているの？」と人からよく聞かれる。「そうです」と答えるとき、ちょっと誇らしい気持ちになるのはなぜだろう。別に、ミルクを否定する気持ちはないのに。

授乳については、産前には想像できなかった悩みが山ほどあった。が、最近は子どもが元気で機嫌がよければ大丈夫と思えるようになった。あまり神経質になりすぎずに、ドーンと大きな気持ちで子どもの成長を見守っていきたい。

Pigeon's Report 3

1人目育児

初めての留守番

娘と二人きり、試練の7時間

◎CYさん

◎1児のパパ（30代／マーケティング部）

入社後、哺乳びんのマーケティングを担当。
育休時から料理の腕を磨き、家族の支持が得られた。

「任せて！」とは言ったけど 内心ドキドキでひたすらイメトレ

さく乳した母乳をあげるならいつでも誰でもできるから、ママにもゆとりが生まれる――ピジョンではこれを「にっこりサイクル」[※1]と呼び、私自身も仕事で何度も口にしてきた。けれど、積極的に実践できているかと聞かれると自信がない。授乳やオムツ替えはやってきたが、娘と二人きりになったことは一度もない。そんななか、最大の試練が訪れた。

その日、妻は友人と大好きなアイドルグループのファンミーティングに行く約束をしていた。半年間育児一色の毎日。気分転換に絶好の機会だ。「娘のことなら任せて！」と大見得を切った。

だが本当はドキドキで、半休を取って帰った私は、電車の中で妻のいない7時間をどう乗り切るか、ひたすらイメトレを重ねるのだった。

※1　ピジョンとして、この考え方については現在も訴求していますが、この名称は、現在は使用していません。

全身全霊で立ち向かうもムダ!
これまでにない虚無感が……

ついに、妻が出かけるときがきた。ガチャン――玄関のドアが閉まった途端、家の中は耳が痛いほどの静寂に包まれた。そうか、妻の一日はいつもこうして始まるのか。

とりあえず、お気に入りのウサギのぬいぐるみを渡してみた。何事もなく30分が過ぎた頃、異臭が鼻をついた。娘に近づき嗅いでみる。ウンチだ。しょうがないなとオムツを開くと、太ももまでべったりだった。「え？　泣いてくれたら、ここまでなる前に替えられたのに」。娘のせいにしようとする自分がいた。と、次の瞬間、耳が張り裂けんばかりの大声で泣きだした。

きれいに拭いてあげるしかない。そうすればきっと泣きやむ。1枚、2枚……おしり拭きを取り出すが、なかなかきれいにならない。焦りと不安がこみ上げる。ウンチは肌着やズボンにまで広がっていた。背中まで丁寧に拭き、服も替えた。全身全霊を使った15分間だった。

だが泣きやまない。お腹が空いたのかと慌てて冷凍母乳を温め、哺乳びんで与えようとするも無情に拒否。無理もない。産後すぐは混合だったが、最近は直接授乳一筋だったのだ。娘の泣き声が震え、枯れてきた。その声に私の心臓も震え上がる。大好物の桃と白ぶどうのジュレを与える作戦も、見事空振りに。もう寝かせるしかない。さすがに30分間大暴れで疲れたのか、抱っこ紐を使ったらものの5分で眠りに落ちた。

……何をやってもダメな自分。ふと、これまで感じたことのない虚無感に襲われた。「にっこりサイクル」を正々堂々と語れるまで、道は長そうだ。今年は絶対「ひとつきいっしょ」※2を取得して自分を磨き、もっと積極的に育児に取り組もう、と心に誓ったのだった。

※2　子どもが生まれたピジョン社員が、男女を問わず取ることのできる1か月間の育休制度。

Pigeon's Report 4

1人目育児

壮絶！初育児回想録
産後うつに片足突っ込むも帰還した話

◎NTさん

◎1児のママ（30代／商品開発部）

落ち込みやすいくよくよタイプでしたが、育児を通じて楽観的になりつつあります。ま〜いっか！

うまくおっぱいが飲ませられない！ 疲れ果て、夜中の授乳室で号泣

実のところ私は、妊娠判明後も、本当に自分のお腹の中に人間が入っているのだろうかと半信半疑だった。周囲には「母」と認識されるが、変わりゆく環境にイマイチついていけなかった。

そんな私もついに出産。無事、男の子を産んだ。生まれれば、いきなり母性が出て実感がわくのかと思っていたが、そんなことはなかった。何だかそんな自分が恥ずかしくて、しばらくは他人行儀な接し方しかできなかった。

一番困ったのは、母乳が出ない、吸わせられないということだ。助産師さんに一生懸命しぼってもらっても、最高で10mℓしか出ない。看護師さんも忙しそうで、何かを聞ける雰囲気ではない。体もボロボロなのに、夜中に出ないおっぱいを吸わせなければならない。子どもは

泣きわめくわ、おっぱいは岩のように張って痛むわで疲れ果て、夜中に授乳室で号泣。赤ちゃんをかわいがる余裕なんてなかった。

入院生活はとにかく疲れた。疲れすぎて、病院で使っていたおしり拭きの香りがかなりイヤなものとして記憶に残っている。あのおしり拭きは二度と使いたくない。この経験から「しんどい時期に使用するものは無臭に限る」と感じるようになった。

あとになって思えば、しんどい思いをしてまで母乳に固執しなくてよかったのに、あのときの私は母乳の利点という呪いに縛られ、憑かれていた。それは、赤ちゃんというのがいざ生まれてみたらとても儚くか弱い、未知の生物だったからだ。ありとあらゆる「よい環境」をつくってあげなければこの子は死んでしまうのではないか。そんな恐怖に駆られ、何としても母乳をあげたくなってしまった。元々母乳にこだわっていたわけではないのに、わからないものだ。

シャワーがまるで石つぶて　授乳ってこんなに痛いものなの!?

退院後はミルクも足しつつ頑張っていたが、相変わらず母乳育児は難航していた。そこで、産院の助産師さんが教えてくれた助産院に連絡し、母乳ケアをお願いすると、あら不思議。産院では痛かった母乳マッサージも全く痛くなく、全然できなかった直接授乳のラッチオン※も簡単にできた。やはり餅は餅屋、母乳のことは母乳の専門家に聞くべきなのだとよくわかった。

直接授乳がうまくできるようになり、1か月過ぎる頃にはミルクを作る必要もなくなって、だいぶラクになった。しかしそのぶん、舌にしごかれる乳首はかなり痛く、シャワーが石つぶてのように感じるくらいヒリヒリした。本当に、これは出産した人類女性が誰しも通る道なんだ

※　赤ちゃんがママの乳首に吸いつこうとするタイミングに合わせて、ママが自分の乳首を赤ちゃんの口に含ませること。

ろうか。でも、私の周りはみんな痛かったと言っているので、きっとそうなのだろう。もし痛くない方法があるなら、誰か教えてほしい！

目の閉じ方を知らない⁉

全く寝てくれない息子に疲労困憊

もう一つ大変だったことは、息子が全く寝ないことだった。入院中、看護師さんに「この子、寝ない子ですね」と言われていたが、本当に、生まれたときから目をカッと開いていて、眠いはずのときも全く目を閉じない。里帰りし、母も少し寝かしつけを手伝ってくれたのだが、「この子、目の閉じ方知らんみたい」と言っていた。

夜の7時から朝の6時までは、少し寝ては起きを繰り返し、起きればギャン泣きで、ずっと抱っこしていなければならなかった。頼みの母は、日中は介護で不在、父とは性格が合わず、昼も夜も心から頼れる人はいない。里帰りしたとはいえ、実質24時間のワンオペ育児。私は疲れ果て、毎日夜がくるのが怖くて怖くて仕方なかった。

全父親に知ってほしい

産後の母親の極限状態

夫には育休を取ってほしかったのだが、夫は取らなかった。取ろうともしなかったというのが正しい。だって、取れるかどうか、調べもしなかったのだから……。たまたま息子が生まれたのが連休の前日だったので、休みをつなげて1週間分休み、里帰り中の私の実家に来てくれた。そのときは夜泣きの際も起きてくれ、頼もしく、一緒に育児をすることが楽しかった。

だが2週間後、再び夫が実家に来たときには、私と夫の経験値に圧倒的な差ができていて、イライラが止まらなくなった。哺乳びんで飲ませるときはもっとちゃんと体全体を支えてよとか、抱っこの仕方が変とか、とにかく言いたいことが山ほどあった。でも、私は子どもを育てるので精一杯。夫まで育てていられない！

そこで、よほどのこと以外は何も言わないことにした。夜泣きで泣き続けていたとしても、夫自身で対処法を見つけてほしかったのだ。夫は頑張った。意味もわからず泣いている子どもをただただ抱っこし続けた。「おっぱいじゃない？」と私に押しつけてこなかったことで、夫のことを改めて好きになった。

しかし、その後また気持ちが急降下する出来事が起きる。夫が帰る予定の日、夫は「次の日に響くから」という理由で朝イチ、8時頃に帰ったのだ。ええっ、この人、ボロボロの妻を置いて沐浴もせずに帰る気!?　私は唖然とした。そのときは「う、うん、そうだよね……」と何も言えなかったが、これは私の胸に、かなりの恨みのしこりとなって残った。

産後の恨みは一生ものというが、本当にそうだと思う。感謝することももちろんあるが、心身ともに余裕がないため、ちょっとのことで恨みが感謝を簡単に上回ってしまうのだ。そうとわかれば、夫だってこれまでと同じように仕事している場合じゃないはず。

世の父親の方々には、よくよくそれをわかっておいてほしいと願う。問題が決定的となる前に。でも、それを一体誰が教えるのだろう。

産後うつに片足突っ込むも少しずつ、何とか復活

私はだんだん、子どもの泣き声を聞くのが怖くなっていった。毎日悪い想像ばかり浮かび、不安でいっぱいで、産後うつのチェックにもしっかり引っかかった。毎日のお世話に疲れたこともあるけれど、産前に普通にできていたことが全くできなくなったことのショックも大き

かったのだと思う。出産直前まで毎日5㎞くらい歩いていたのに、産後しばらくは徒歩5分の場所に行くのもしんどく、自分が自分でなくなったような感覚に打ちひしがれた。

しかし、事態は少しずつよくなっていった。里帰り時に恨みをいだいた夫も、帰宅後は徐々に育児に慣れ、3人での生活が板についてきた。新生児の時期を過ごした実家がツラかった私には、誰に気兼ねすることもないこの生活にだいぶ救われた。しんどくて、助産院のLINE相談にお世話になることもしばしばあったが、夜にもかかわらず返信をくれ、これにもだいぶ助けられた。

ある日、友達に、子どもが泣いている動画を送ったら「一生懸命生きてるって感じだね」という返信が。――その言葉は何だか魔法のように私の胸に響いた。そうか、この子は一生懸命生きているんだ。私がお世話して生かしているような気になっていたけど、この子はこの子で一生懸命頑張っているんだ。そう思えるようになった。その瞬間、私の頭のモードは、「一人で頑張らなきゃ」から「子どもと一緒に一生懸命生きよう」に切り替わった。そして、「一緒に生きていくんだから、困ったことはだいたいお金で解決しよう」と財布の紐がゆるくなった。

出産前はかなりケチだったのだが、この頃から育児グッズを買い漁り始めた。

「もう充分濃い時間を過ごした」そう言えるくらい育児を楽しみたい

8か月頃には本格的な夜泣きが始まり、しんどいこともあったが、以前より気に病むことがなくなっていた。「まあ、こんなときもあるよね」と受け流すことができるようになり、そんな自分に対し、私はもう新米ママじゃなくなったんだなあと感じた。仕事では一般的に、すぐに結

↑初節句の頃

←9か月の頃。写真を見返すと、もっと育児を楽しんでおけばよかったとしきりに思う

果を出すことを求められるけれど、育児はすぐ明確な結果が出るものではない。子どもの成長は著しいけれど、できないことも当然多い。それにやきもきしてしまうこともあったが、長い目で見ることが大事なんだと気づかされた。

振り返ってみると、低月齢の頃は必死すぎて、楽しかった記憶があまりない。写真を見ると、こんなにかわいかったのに、もったいなかったなあと思う。もっともっと育児を楽しみたかった。別に悔いはないが、できることならもう一度やり直したいくらいだ。――そう母に伝えると、「私も同じだよ」と返ってきた。

今過ごしているこの時間も、きっとあとで振り返れば、もう一度やりたいと思うのだろう。そう思うと、今の一瞬一瞬がとても貴重な時間だと感じる。もう充分すぎるほど濃い時間を過ごしたよと言えるくらい、子どもと自分に向き合い、これからの育児を楽しんでいきたい。

Pigeon's Report 5

1人目育児

「お母さん」て、すごい

育休取得で初めて知った母親業の大変さ

◎YCさん

◎1児のパパ（30代／品質管理部）

太陽のような明るさがウリ。その明るさで家族が毎日幸せに過ごせる環境をつくるのが役目です。

ピジョン社員の醍醐味!?
初ミルクは自社製品で

44時間という陣痛の末、長女は誕生した。妻はぐったりとしていたが、わが子を手にした瞬間笑顔になり、目には涙が。その姿を見ていた私も思わず涙があふれた。命の誕生は奇跡だ。

「ミルク飲ませてみる？」妻に聞かれ、「飲ませたい」と即答。妻が調乳してくれたものを見ると、ピジョンの「直付け乳首」がついた哺乳びんだった。うれしくなって思わず「これ、ピジョン製品だね」と言うと、「そうなの？」と知らなかった様子。娘には、ピジョンの乳首でミルクを与えるのだと意気込んでいたが、その機会がこんなにも早く訪れようとは。これまで仕事でずっと関わってきた思い入れのある製品だ。実に感慨深いものがあった。「早くミルクあげたら？」妻の一言で、ハッと我に返った。

娘はまだ力はないものの強く吸いつき、何だか喜んで飲んでくれているように見えた。

座れない、休めない、眠れない……お母さんは本当に忙しい

娘が生後7か月の頃、私は「ひとつきいっしょ」を取得した。いざ、娘のお世話をしてみると、いかに世のお母さんが大変なのかよくわかった。例えば離乳食。ほんのわずかな量を作るのにこんなに時間がかかるのか!?　しかも、全然食べてくれない日もある。世の中にベビーフードが存在する意味を心の底から理解した。

ある日、妻にゆっくり休んでもらいたいと思い、娘と車で外出することに。これまでも車の外出はあったが二人きりは初めて。クリスマスも近く、娘のプレゼントをショッピングモールに見に行こうと思ったのだ。チャイルドシートに乗せると、娘は何が始まるのかとワクワクしている様子。「よし、行ける」――車のエンジンをかけ、出発。が、次の瞬間「ギャ――ッ」というすごい泣き声が。「戻るか？　いや、かわいそうだが娘もチャイルドシートに慣れる必要があるし」意を決して車を走らせた。しかし、娘はずーっと泣き続けている。信号が赤になるたび私はイライラした。家を出て30分後、やっと目的地に到着。車を停め、急いで娘を抱っこすると、やっと泣きやんだ。「娘のため」とここまで来たが、果たしてそうだったのか。自責の念に駆られた。世の中には、普通に同じことをしているお母さんがいて、心から尊敬する。

お母さんは本当に忙しい。座れない、休めない、眠れない。いいことなんてない。ただ一つ、子どもの笑顔と成長に触れ合えることを除いては。

家族のサポートは必須だ。自分の妻のサポートはもちろん、ピジョン社員として、世のお母さんの助けになるものを打ち出していきたい。

Pigeon's Report 6

1人目育児

寝かしつけ改善大作戦

◎RMさん ◎1児のパパ（30代／品質管理部）

子育ては家族の一大プロジェクト。
サプリーダーとして活躍できるよう、日々勉強中！

ゴゴ
ゴゴゴ…
育児…
それは未知なる困難が多発する
夫婦協働プロジェクト…！
ハァ…
ハァ…
オムツ
寝かしつけ
授乳
授乳
病気
われわれ夫婦が僕の1か月の育休中に挑戦したのは…
寝かしつけ改善大作戦
スヤァ…
その道のりは険しくしかし思い出深いものでした…！
そのときの話を聞いてください！
ゴール
ハァ…
ハァ…

当初の寝かしつけは
とにかく**時間がかかる**
過酷なものでした…
こんな感じ
①娘を横抱きし ユラユラ
寝室をぐるぐる歩き回る
ぐるぐる
寝てくれ〜
寝てくれ〜
ユラユラ
30分〜60分
②娘が眠ったら
布団におろす
寝てくれた〜！
スヤァ…
寝顔は
天使
③置いた直後〜30分後に泣く
ヒェ
①に戻る!!
日によっては
①〜③を何周もすることがあり
2時間近くかかることも…
ハア…
ハア…
腕・腰
パンパン

そんななか
娘が6か月のとき
僕の育休がスタート…
ぐったら。。
やっと寝た…
寝室の娘
スゥ……
……
僕の仕事は出張も多く
平日の育児は
専業主婦である妻が
中心となってやってくれている
育休中の今は
大人が2人いることで
寝かしつけの負担も
分散できているけど
このままでは
育休が終われば
また同じ日々…
ぐるぐる
ユラユラ

あのさ
せっかくの1か月を
どう活用
するのがいいか
考えてたんだけど…
育休中だけ僕が寝かしつけを
積極的にするような
一時的な対処じゃ
根本的な解決にならないよね
だから…
この1か月で
今後の
寝かしつけの負担が
軽減するような
ベースづくりを
するのはどうかな
スヤァ。。
寝かしつけ
娘ちゃんに合う
寝かしつけの方法を
一緒に集中的に
模索しよう！
そうしよう！
それから――

寝かしつけのヒントはどこだァァァ!!
SNS
友人の話
書籍
インターネット
僕たちは ありとあらゆる 寝かしつけ情報を集め 試しまくった…!!
お腹をくっつけたまま ベッドにおろすと いいらしい!
ネットによると
やってみよう!
ヒェ
あぁ〜
失敗
先輩ママさんが 子守歌を流すのが いいって言ってた!
よさそう!
子守歌
スヤァ…
アイッ
ルァン
アイ!
失敗

うまくいかない日々が続きましたが…
ねえねえ これどうかな
はぁ…
ねんね トレーニング？
赤ちゃんが眠るサイクルとか具体的なスケジューリングも参考になりそう！
ねんねトレーニングと呼ばれる寝かしつけ実践方法に出合い
本やインターネットで調べたことを総合しながらやってみることに！
作戦会議
大きく分けるとわが家流のねんねトレーニングは
①早寝早起きと規則正しい生活リズムに整える
おはよう
昼寝
散歩
お風呂
など
時間を固定
②寝かしつけルールを決め何があってもルールどおりに実践する
おやすみ

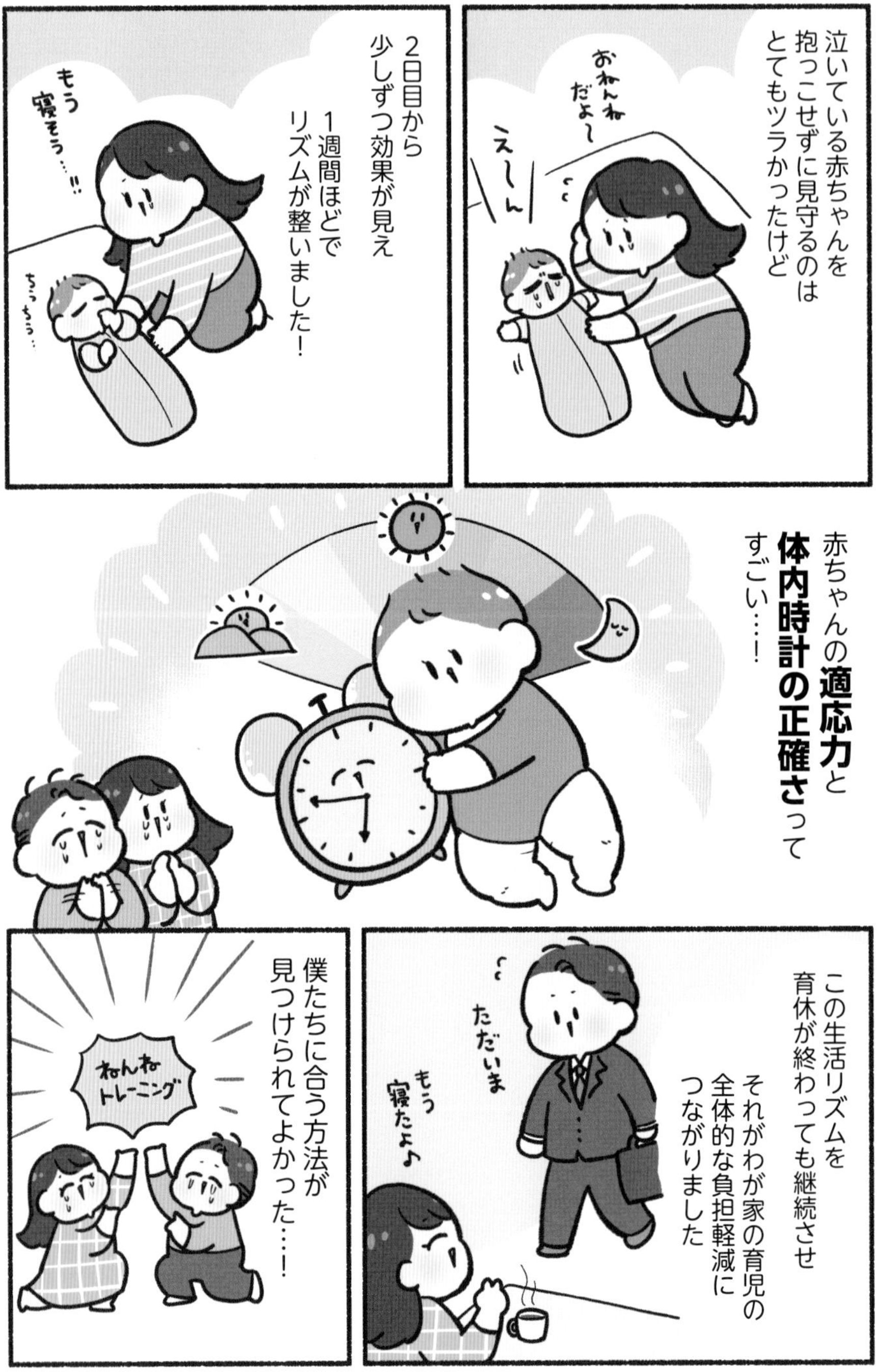
泣いている赤ちゃんを
抱っこせずに見守るのは
とてもツラかったけど
おねんねだよ～
えーん
2日目から
少しずつ効果が見え
1週間ほどで
リズムが整いました！
もう寝そう…!!
ちゅぅちゅぅ…
赤ちゃんの**適応力**と
体内時計の正確さって
すごい…！
この生活リズムを
育休が終わっても継続させ
それがわが家の育児の
全体的な負担軽減に
つながりました
ただいま
もう寝たよ♪
僕たちに合う方法が
見つけられてよかった…！
ねんねトレーニング

未知なる問題と
真っ向勝負するのは
精神的にハードなものです…
寝かしつけ
ハァ…
ハァ…
ハァ…
あのとき一念発起して
寝かしつけ問題を解決できたのは
育休中であるがゆえ
夫婦が同じ時間育児に関わり
対等な立場で問題に
対峙できたからだと思います
つらい…
なんとかしたい
それに夫婦一緒に
立ち向かうことができて
夫婦の絆も深まり
その後の育児の
自信にもつながりました
これからも
ともに
闘っていこう…!!
これからも
夫婦協働プロジェクト
楽しんでいきます!
ハイハイできてる!
がんばれ
がんばれ!

ピジョン社員が

本気でオススメする自社商品

vol.1 外出の味方編

お出かけが必ずラクに、楽しくなる
外出時に欠かせない商品を一挙ご紹介！

さく乳器

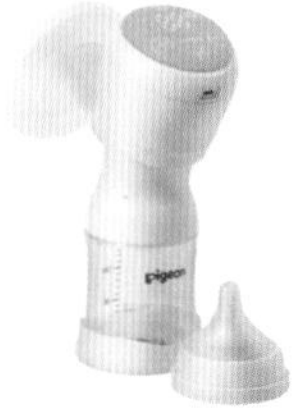

●自分の受診などで外出しなければならないとき、さく乳しておくと、おっぱいが張らず便利だった。（NTさん／1児のママ）●おっぱいが張って岩みたいになったときなどに使うとスッキリ！（KNさん／2児のママ）

ビングル（ベビーカー）

●購入後は毎日のようにベビーカーで子どもと出かけるように。軽さと走行性のよさが魅力で、ピジョン商品の中で妻も一番絶賛しています。（KTさん／1児のパパ）
●スイスイ進む、最高です。（TIさん／2児のパパ）

食事用おでかけエプロン

●常にカバンに入れておいてもかさばらず、外出先での食事の際に便利。ミッキー柄もかわいくて、お店などでつけているとほかのお客さんのお子さんに「あれがほしい」とうらやましがられることも。（MSさん／1児のママ）

＼ピジョン社員が育児中に考えた／

こんな商品あったらいいな！

ほめてくれる、さく乳器ちゃん

ラッチオンまで1か月ほどかかり、それまで直接授乳ができず、母親失格なのかな、という悲しい気持ちでさく乳していました。そこで、さく乳しているママを応援できるさく乳器を考えました！

（RKさん／1児のママ／マーケティング部門）

Chapter
2

2人目育児、大変さは倍以上!
3人目は…?

Pigeon's Report 7　2人目育児

“2人の育児”は初だった
手の抜き方はわかっても、回らない

◎YAさん
◎2児のママ（30代／商品開発部）

開発部におけるワーママのパイオニア。
開発業務と育児は両立できる、を証明してきました。

2人の子どもとの食事ゆっくりとれることはまずない

待望の2人目妊娠。でも、大変なことも多かった。まず、妊娠がわかった頃から、当時2歳だった長女が情緒不安定に。急にベビーカーに乗りたがるなどの赤ちゃん返りに始まり、チック症まで発症。ずいぶん気を揉んだけれど、長女が3歳半（次女が1歳）を過ぎる頃には情緒も安定し、4歳になってからは急にお姉さんらしくなった。ほっとした。

けれども、2人目育児で困ることはまだまだあった。手の抜き方はわかるものの、どうにも回らない場面があるのだ。一つ目が食事。ゆっくりとれることはまずない。次女の離乳食が一日1〜2回の頃は、夕食時は食べないため、いつも次女をバウンサーに乗せて、片手や足で揺らしながら長女にご飯を食べさせ、自分もご飯

ちょうど夏で長女と私はシャワーのみ。そこで、次女はバスタブのチェアへ。お風呂タイムはとにかく大変だった

をかき込んだ。次女が3回食になってからは、次女用と長女用の食事を作り、次女、長女と順に食べさせた。でも、私が食べる頃には次女はぐずぐず、常にそんな具合だった。今は、保育園の先生のすすめもあり、3人同時にほぼ同じものを食べている。相変わらず大変ではあるけれど、ご飯作りはだいぶラクになった。

お風呂もまた多大なる試練 次第にあきらめの境地に

次なる試練はお風呂だ。次女は、生後すぐは沐浴で済ませ、私と長女の入浴時には脱衣所にハイローチェアごと移動。が、次女もすぐ甘えることを覚えてしまった。一人になると横隔膜がパコパコいうくらい泣きわめくのだ。そこで、生後数週間から3か月頃までの間は、バスタブに薄くお湯を張り、新生児用のバスチェアに座らせた。だが3か月を過ぎると、チェアから脱出するようになり、長女のときに使っていたバスチェアに変更。やがて9か月を過ぎ、そのバスチェアからもはい出すようになると、座らせておくのは無理に。案の定、排水溝を開けていじってみたり、ホースを舐めたりとやりたい放題。しかし、はじめはピリピリしていた私も次第にあきらめの境地に。最近はお風呂用クレヨンで2人で遊んでくれている。バストイ万歳。

「2人同時に寝かしつけ」という終わりなき闘い

極めつきは寝かしつけ。授乳して寝落ちしてくれればよいのだけれど、体力もついてくるとその手も使えない。長女もまだ添い寝が必要だったが、次女は抱っこしていないと泣く。私一人で2人を寝かしつけるために、立って次女を抱っこ紐でゆすりながら、長女は足で挟み、我慢してもらった。

やがて、10か月を過ぎて次女が抱っこ紐を嫌がるようになると、2人同時に寝かさなければいけなくなったが、たいてい2人で立ってはしゃぎだしてしまう。そこで、長女と私で寝たふりをする日もあれば、次女は好きにさせておいて長女を先に寝かしつける日もあった。2人が同時に横になってくれるよう、天井に映すシアターのようなものも購入してみたが、これも効果があったのは最初だけ。そんなこんなで最近は、もっぱら読み聞かせ作戦。川の字で寝転がる体勢にもち込めれば、いつかは寝る。

2人目育児では、経験値から手を抜けることがある反面、子どもが2人いるからこそのニーズもあると感じた。1人目のときは使うのに罪悪感があったレトルトベビーフードも、次女のときは活用しなければ回らなかった。1人目と2人目ではニーズが異なると、身をもって体験した。今後の商品開発のヒントにしたい。

Pigeon's Report 8　2人目育児

「上の子ケア」の大切さ
2人の子を平等に愛するために日々奮闘

◎AYさん
◎2児のパパ（30代／品質管理部）

子どもの成長に貢献したくてピジョンに入社。
父として、今では親の成長について考える日々です。

コロナ禍で出産立ち会い不可 2人目の出産は1人目と大違い

わが家で2人目となる長女の出産時は、コロナ禍真っただ中。ということで、出産時の立ち会いは不可。出産と立ち会いは当然セットだと考えていた私は大きなショックを受けたが、妻はあまり気にしていない様子だった。

その日、体調が悪そうな妻が気にかかりつつも出社。すると、しばらくして「不規則な腹痛があるので、病院に行くかもしれない」とLINEが入り、それを最後に妻からの連絡が途切れた。そして約3時間後、突然赤ちゃんの写真が。そうか、無事生まれたんだ！　喜びと安堵を感じつつも、出産立ち会い前提で休みを取っていた第1子のときとは大違い。コロナ禍ゆえともいえるが、なんだか突然生まれたような、不思議な感覚だった。

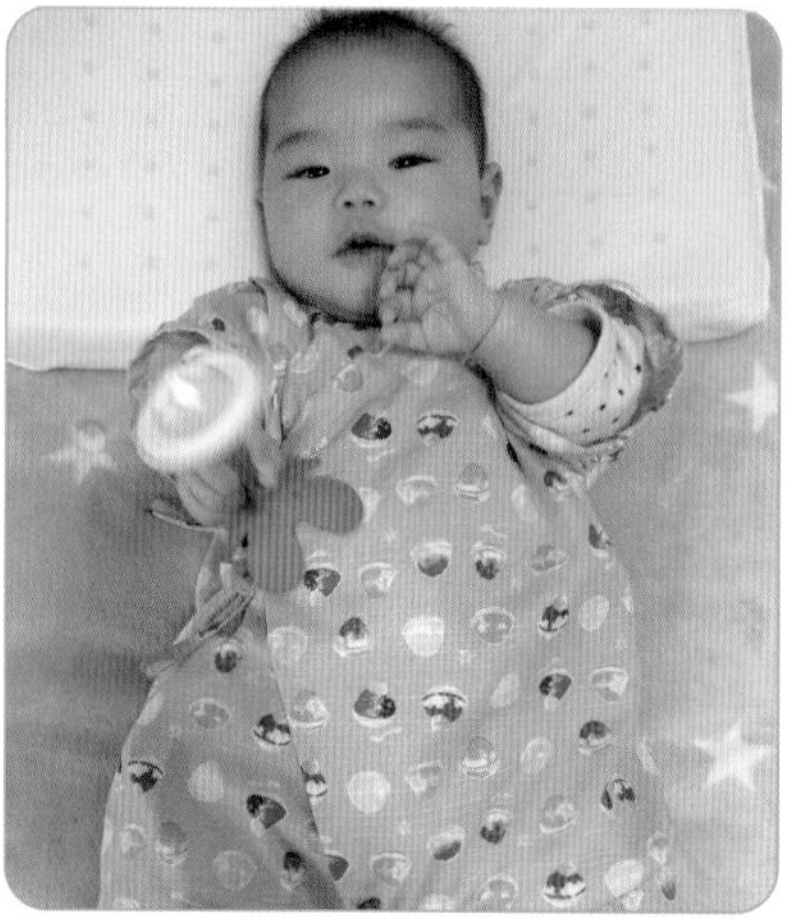

育休中に制作した甚平。だが、参考にした型紙が小さすぎて、1か月の育休中に既にパツパツに(涙)

長女の誕生を喜ぶ(?)長男

長男がまさかの頻尿発症
排尿が怖くて泣くように

長女が生後3か月の頃、私は「ひとつきいっしょ」を取得した。家事全般に加え、長女に対して授乳、オムツ替え、沐浴等を行いつつ、何か形に残るものをと、夏用の甚平を制作した。

実は私自身、幼い頃に妹ができたことで、親からの愛情が薄れた、妹のほうが愛されているなどと感じ、寂しい思いをしたことがあった。そのため、長男にはそのような思いをさせたくないと思っていた。長女誕生時、長男は3歳11か月。そばでじっと妹を見つめるなど、長男も妹の誕生を喜んでいるように見えたのだが……。

長女が生後4か月、長男が4歳3か月頃のこと。家にいると、長男がやたらおしっこに行くことに気づいた。時間を見ていると、それこそ15分間隔である。長男は保育園に通っていたが、保育士さんからも「最近、おしっこの頻度が高い」との指摘が。けれど、本人は、あまり気にかけていない様子だった。その後、症状はさらにエスカレートし、2〜5分間隔でおしっこに行く生活に。外出時も頻尿を発症するので電車移動がままならない。目的地に着くと、すぐにトイレに駆け込む生活が続いた。この頃には長男も自分の変化に気づいたが、どうしてよいかわからず、排尿行為に恐怖を覚えて泣くことが多くなっていた。ただし、おもらししたり、夜中におしっこで起きたりすることはなかった。

親の愛情の変化は子どもにとって一大事と思い知る

心配になった私たちは、夫婦で長男の症状について調べた。すると、下の子の誕生や、転居や入園入学、進級など、生活環境の変化で心因性頻尿を発症する子どもがいることがわかった。

保育士さんにも相談したところ、通院はさらに不安をあおることもあるようで、処方箋もないようだったので、病院へは行かないことに。

そして、長男とは日常のお出かけを続け、彼が希望すれば遠出もした。長女のお世話で長男のしたいことが阻害されないよう、片方の親は長女と自宅で過ごすようにした。やがて、症状発症から1か月が過ぎた頃、少しずつおしっこの間隔が長くなり、気づいたら完治していた。

長女誕生前は「育児は2回目。経験済み」くらいの軽い気持ちでいたが、そう甘くはなかった。長男の頻尿は、上の子に寂しい思いはさせまいと考えていた自分にとって、非常にショッキングな出来事だった。子どもにとって、親の愛情はわずかな変化でも大きなストレスになると実感。2人の子を平等に愛することの難しさに日々、戦々恐々としている。父親としてより成長が必要だと、強く感じたのだった。

Pigeon's Report 9

2人目育児

広がれ、男性育休！

◎HKさん ◎2児のパパ（30代／営業部）

子どもの誕生を機にピジョンに転職。
妻子から文句を言われながら活動中。

次男が生まれた
タイミングで
私は1か月の育休を
取りました

長男（2歳）には
弟が生まれて
我慢させてしまうことも
多いぶん しっかりケアしたい
次男（3か月）には
父親として認識して
もらいたい！
パパだよ♡
スン…
そう意気込んでスタートした
育休生活でしたが…

次男くん
オムツ替えようね！
しょわぁあぁ
わぁあ…
おしっこが…!!
えーと…
スッキリ
固まってないで
さっさと拭いて！
あっ長男も
ウンチしてる！
ドタバタ
えーと…えーと…!!
ぐるぐる
長男のウンチ
床そうじ
次男服もぬれてる
次男のオムツ
ぎゅうぎゅう
俺…
使えない…!!
ショック…

わが家では
長男が生まれた頃から
育児は主に妻が
担ってくれています
会社員
専業主婦
そのため
「いつものやり方」を求めて
妻への確認が
多くなってしまう…
服は？
持ち物は？
ミルクは？
それが
妻からすると
それくらい
自分で考えて
ゴゴ
ゴゴ…
そ、
そうだよね
ゴメン…
しかしいざ
自分で考えて
行動すると…
口もと
汚れてるな…
ふき
ふき

ばっさり
いちいち拭くと紙がもったいないから食べ終わってから拭いて
……
自分なりに考えた行動が妻の「いつものやり方」とバッティングしてしまう…！
ああぁ
難しい…!!
妻のやり方はそれまでの数多くの経験によって蓄積された知見によるものだと思うので
その点は本当に妻に感謝です…
トラブル
困難
次は
こうしよう
ただ私も妻のように考えながら育児ができるようになりたい…！

たしかに都度拭くと
紙は余計に
使うことになるけどさ
例えばご飯中に
イスを降りて逃げちゃって
部屋が汚れたり
そういう
次のトラブルへの
予防になるかなと思って
ドドドド
べたぁ
最悪の事態
そっか
それは
確かに…
問題への
対処法や解決策は
人それぞれ
それは
育児でも同じ
1か月同じ時間
育児をすることにより
ときには相手に合わせつつ
ときには相手に任せつつの
大切さを
夫婦で確認できました
次男くんの
寝かしつけは
こうすると
成功率が高い
なるほど

そういうわけで
最初はなんとなく
肩身が狭かったけど…
自分で考えて
育休が終わる頃には
ちゃんとパパになることが
できたかなと思います
昨今 男性の育児休業は
社会的な理解が
急速に進みつつ
ある一方で
なぜ男性に
育休が必要なの？
育休を取るとしても
1か月などの短期間では
意味がないでしょ
さまざまな
意見が存在しますが
私にとって育休は
今後も続く
育児の日々における課題や
向き合い方を教えてくれた
かけがえのない時間でした！

男性育休の取得率は約14%※
(取れても数日というケースも…)
まだまだ取りたくても取れない人が多いというのが現状のようですが
14%
育休を経験した身からするととても残念なことだと思います…!
本人にとっても家族にとっても会社にとっても
育休はいいことだらけなのに〜〜っ!!
男性も当たり前のように育休を取得し
当たり前のように育児する
わが社の取り組みが決して「特別」ではなくなるような
そんな世の中になることを願います

※ 厚生労働省「令和3年度雇用均等基本調査」

Pigeon's Report 10　2人目育児

父親育児の妻評価

ニーズの洗い出しから実践・結果まで

◎MTさん
◎2児のパパ（20代／経理財務部）

お休みの日はパパがママ。得意料理はオムライス。
シャボン玉片手に一緒にお散歩！

父親の育児参加率、増えてはいるけど内容がニーズに合ってない⁉

2人目となる長女が生まれ、私は「ひとつきいっしょ」を取得した。1か月の育休が取れるのは世間的に見れば非常に恵まれていると思う。

「仕事と生活の調和（ワーク・ライフ・バランス）レポート2014」※1によると、6歳未満の子どもをもつ夫の育児・家事関連時間は60分（2006年）から67分（2011年）に。また「第5回全国家庭動向調査」※2によると、夫と妻の間での育児分担割合の平均は「妻80・6％、夫19・4％」（2008年）から「妻79・8％、夫20・2％」（2013年）に。夫の育児・家事時間は、いずれもわずかだが、増えてはいる。

一方、後者の調査は次のような事実も伝えている。夫の育児に対する妻の期待について「期待する」が、62・2％（2008年）から53・5％

※1　内閣府 男女共同参画局「仕事と生活の調和推進室」発表。
※2　2013年「国立社会保障・人口問題研究所」発表（ＭＴさんのレポートは2016年提出のものです）。

（2013年）に低下したというのだ。つまり、時間的配分は改善されつつある一方、父親の育児の方向性が、母親の期待に沿っていないということだろう。そこで、せっかく育休を取るなら、妻のニーズにあった在り方を模索したいと考えた。その経緯と結果をご報告する。

「日々が回らない。特に食事とお風呂がキツい」が妻の悩み

育休を取ったのは、第1子の長男が2歳、第2子の長女が生後11か月のとき。まず、妻が抱えている問題やニーズを洗い出した。

【妻の抱えている問題・ニーズ】

①自分の時間が必要な一方、長男が遊べる機会・時間を少しでも増やしたい。
②専業主婦だが、実家が離れていて親族の支援を得にくいため、有事の際、身動きがとれなくなる。
③地域の支援なども得られず、一人で子育てを行うことによる精神的な負担。
④もともと働いていたこともあり、社会との接点をもつことを望んでいる。
⑤食事を3食、落ち着いてとりたい。

一番の悩みは時間が確保できないこと。乳幼児2人を抱えての家事育児は全く回らず、遊び盛りの長男を外に連れ出すこともできないとのこと。そこで、私は家事育児に加え、長男との外出を毎日続けた。

次にキツいと漏らしていたのが、食事とお風呂である。2人の子どもの食事のお世話で、自分の食べる時間はほとんどない。お風呂に至っては2人同時には入れられないため、必ず1人は泣き叫んだまま。浴室から上がっても、子どものお世話が終わるまで自分は濡れたまま。そ

んなこんなで体調を崩すことも多々。そんな状況だったのだ。そこで、食事とお風呂は私が担当し、妻の自由時間を一日に2〜3時間は確保するようにした。

これらの行動により育休中は、妻から一定の評価を得ることができたが、育休終了後も朝と夜、必ず子どもと顔を合わせる時間をつくってほしいとの要望があった。そのため、これまでの生活サイクルを変更。実現には「一日でも早く仕事が回せるスキルを磨く」ことが必須だろう。だが制約が入ったことで、仕事へ向かう時間が前倒しされ、事前準備に集中でき、勤務時間中の仕事の質は向上したと感じている。

こうした変更を経て、妻からは以下のような評価を得た。仕事と育児の両立は容易ではない。共働き家庭が増えるなか、男女問わず、意欲や能力に応じて労働参加と育児参加、双方が実現できる仕組みを早急に構築すべきだと考える。

【私の育児に対する妻の評価】

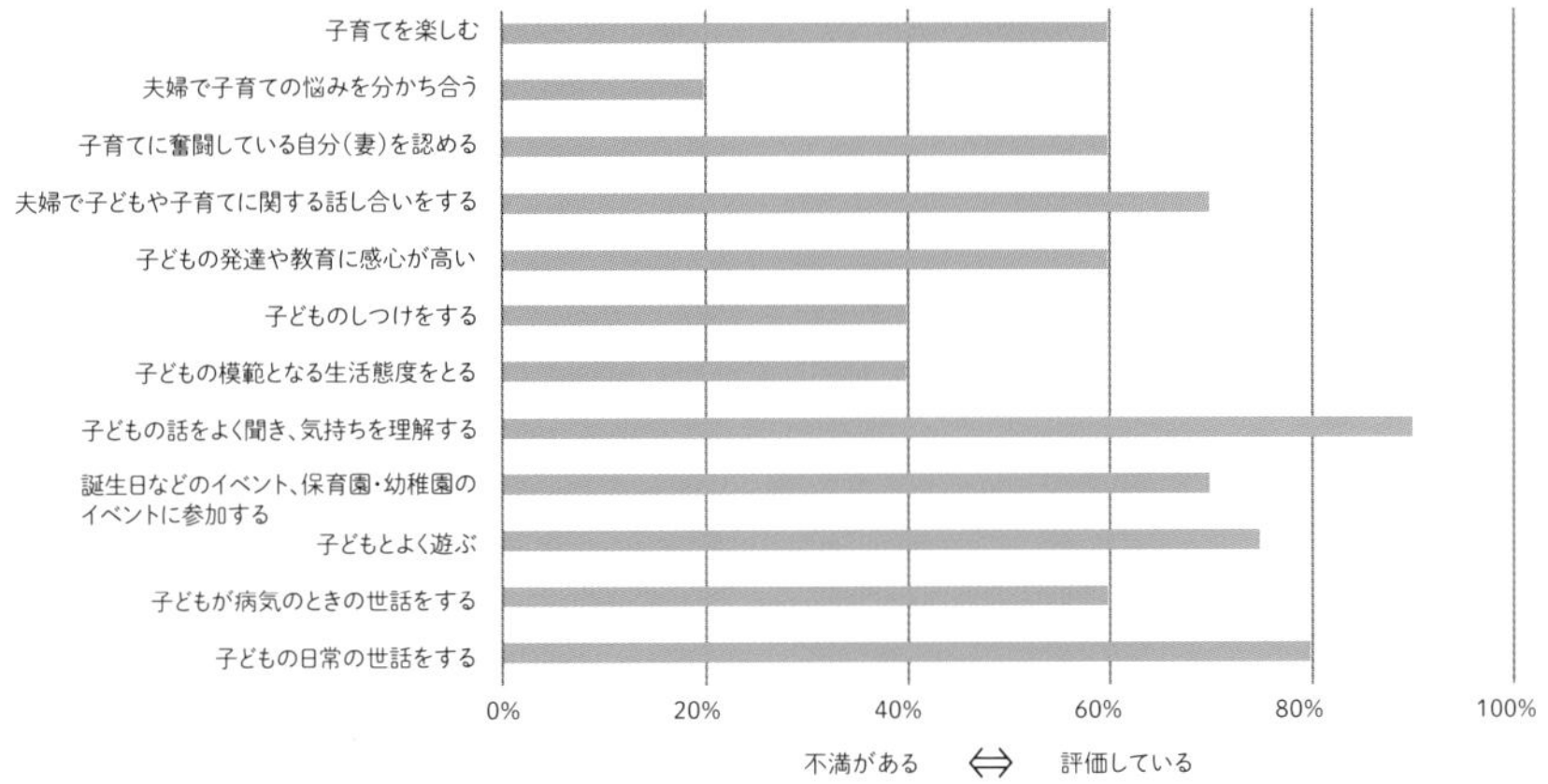
子育てを楽しむ
夫婦で子育ての悩みを分かち合う
子育てに奮闘している自分（妻）を認める
夫婦で子どもや子育てに関する話し合いをする
子どもの発達や教育に感心が高い
子どものしつけをする
子どもの模範となる生活態度をとる
子どもの話をよく聞き、気持ちを理解する
誕生日などのイベント、保育園・幼稚園のイベントに参加する
子どもとよく遊ぶ
子どもが病気のときの世話をする
子どもの日常の世話をする
0%
20%
40%
60%
80%
100%
不満がある
評価している

Pigeon's Report 11

2人目育児

2人目育児と復職

ワンオペの日々、格闘の記録

◎KMさん

◎2児のママ（30代／品質管理部）

5歳差兄弟のママをしています。
仕事に家事・育児と、奮闘する毎日を送っています！

つわり、帝王切開後の痛みに耐え 2人目育児がスタート

長男妊娠時に引き続き、2人目妊娠時もひどいつわりに悩まされた私。夫の帰りは遅く、毎日ほぼワンオペ。長男の保育園の送迎、夕食や明日の準備、お風呂、寝かしつけまで一人でこなさなければならず、かなりキツかった。幸い、長男が保育園の年中で、こちらの言うことをある程度理解できるのが救いだった。

長男出産時、長時間の陣痛の末に緊急帝王切開となった私は、今回も帝王切開だ。お腹を切られる恐怖に耐え、無事に次男が誕生。よかった。長男も「かわいい！」と連呼し、大喜び。

しかし、産後の子宮収縮と傷の痛みは悶絶するほどのレベル。帝王切開はラクなお産と勘違いされがちだけど、これもまた、相当な痛みや出血、リスクを伴う命がけのお産なのだ。

育休中も昼夜フル稼働
復職後もお迎え要請に涙

乳幼児2人の育児が始まった。長男は保育園に行っていたため、次男の沐浴や買い物などはその間に。でも、2人のお世話を一人でこなすのは容易ではない。「赤ちゃんが寝ている間にママも休む」は1人目ならば何とかできるものの、2人目では困難。赤ちゃんが寝ている間に洗濯などはもちろん、夕食作りなど夕方以降の家事も進めておかないと回らなくなるからだ。

夜中も頻繁に授乳があり、昼も夜もフル稼働で休める暇がない。しかも、長男の「保育園行きたくない病」が勃発。「ママは自分だけのものだったのに」など、寂しさや複雑な気持ちが渦巻いているようだった。こんな状態で復帰して、ちゃんと回せるのだろうかと不安になった。

やがて、次男は生後10か月で保育園に入園し、私は復職した。ところが、保育園からのお迎え要請や子どもたちの看病で休みがちになることも。色々とフォローしてくださるみなさんには感謝の気持ちと申し訳ない気持ちでいっぱいになった。1歳半を過ぎた今もまだまだ油断はできず、ロタウイルスで休み、やっと治ったかと保育園に行ったその夕方にまた高熱、今度はRSウイルス、なんてことも（涙）。

2人目ということで、赤ちゃんのお世話に関しては、少なからず慣れはあった。特に、夜中の急な発熱や嘔吐などでは、1人目のときは焦って夜間診療に行ったりもしたが、2人目では、明日の診察時間まで少し様子を見てみよう、など余裕をもてるように。しかし、「2人の育児（しかもワンオペ）」や上の子のケアなどは未経験。長男はよく頑張ってくれているが、我慢させてしまっている部分も多い。これからも子どもとともに、自分もより成長していきたい。

Pigeon's Report 12

2人目育児

8歳差きょうだいの育児
ならではの大変さと社会の変化を考える

◎CSさん
◎2児のママ(30代/人事総務部)

家族で旅行が趣味。
子どもたちと色々な所を巡っています(もちろん夫も)。

2人目ながら、激戦の分娩予約や風疹の疑いに戦々恐々

長男の誕生から8年、2人目を妊娠。長男が小学生だったため、出産場所は自宅近所で探した。私の住んでいたY市はいわゆる分娩激戦区※。人口に比して分娩施設が少ない。そのため早めに動かないと施設が埋まってしまう。私も妊娠6週で予約したが、ギリギリだった。

2人目ということで余裕をもっていたのだが、不測の事態にハラハラすることも。一番焦ったのが、妊娠5か月のときに起こった夫の発熱と発疹。もしかしたら「風疹」かもしれない。風疹は妊婦が気をつけたい病気の一つ。胎児に感染すると「先天性風疹症候群」が起こる恐れがある。夫には急遽彼の実家へ移動してもらった。

きっと大丈夫、と言い聞かせていたものの、なんと私の身にも異変が。体中の関節が痛み、

※ CSさんのレポートは2014年提出のものです。

歩くのもままならない。でも、熱はなかったので、きっと疲れだろうと思っていた。夫への診断は「風疹だったとは言いきれない。多分違うもの」。なんだそれ⁉と感じつつ、まあ、私は大丈夫だったのかなと思った矢先、長男の顔が真っ赤に！ そして、やっと一連の騒動の原因が判明。なんと、一家全員「リンゴ病」にかかっていたのだ。

あまり知られていないが、実は、リンゴ病も妊婦が気をつけたい病気。妊婦が罹患した場合、胎児感染の確率は1割。胎児が感染するとひどい貧血になり、重症化すると全身水腫から死に至ることもある、恐ろしい病気なのだ。「水腫になっても、へその緒を利用した胎児輸血で8割は治るから」と医師に言われたが、リスクが高いといわれる妊娠初期での罹患は、恐ろしくて仕方なかった。まさか、自分がこのタイミングでかかってしまうなんて。これにより、毎週エコーで水腫の発生を観察することに。

年の差きょうだいのメリットとデメリット

ヒヤヒヤだったけれど、幸い胎児感染はなく、元気に長女が誕生！ よかった。既に小学生の長男は、私が手を離せないときには妹の面倒を見てくれ、非常に心強かった。これは、年の離れた子をもつ大きなメリットだと思う。

一方で、デメリットというか大変さを感じる面も。例えば、小学生と乳児では日々の生活サイクルが大きく異なる。保育園時代は帰宅後、夕飯、お風呂、就寝を中心に回せばよかったが、小学生では放課後の居場所確保や宿題ケアなど、新たな負担も。また、どうしても乳児である長女のケアが優先されるため、長男の就寝時間が遅くなり、生活リズムがつくりにくくなる。ここがなかなかの難題。せめて、夫が21時には家にいてくれるといいのに。

【家族の生活時間の差】

時間	16:30	17:00	17:30	18:00	18:30	19:00	19:30	20:00	20:30	21:00	21:30	22:00	22:30	23:00	23:30
私	会社	帰宅	夕飯準備	保育園迎え	夕飯仕上げ	夕飯	お風呂準備	忙しい	娘の着替えなど	寝かしつけ	息子の宿題		片づけ	就寝	睡眠
息子	習い事				自由		自由	入浴	自由	宿題		宿題?	就寝	睡眠	
娘	保育園			帰宅	夕飯	抱っこ	放置・息子が相手		ぐずぐず	就寝	睡眠				
夫	会社											夕飯	入浴	洗濯	くつろぎタイム

娘の帰宅前に下準備

習い事は毎日違うため、毎朝その日の習い事、準備、持ち物を確認

下の子の寝かしつけに時間がとられ、息子の勉強が放置に…本人はTV見放題になることも

夫が21時には家にいてくれるといいのにな!

長男出産時と長女出産時 8年経っても変わっていないこと

長男の出産時から8年経ち、よい変化もたくさんあった。例えば、妊娠・出産に対する制度や補助はだいぶ充実し、予防接種等への補助も、世界から見ればまだ後れをとっているものの以前より増えた。また、女性の活躍推進に注目が集まり、そのための制度の充実が叫ばれている。ピジョンでも、一般の水準以上のものを既に提供してもらっている。世間的に男性の育休取得率も上がり、「イクメン」という言葉も定着したことを考えると、8年前とは大きく変わった。

一方で「まだまだ変わらないな〜」と感じていること。それは、育児における男女の負担比率と、企業内での父親社員側のマインドだ。

母親社員に対しては、働きやすさの追求や、企業内での「お互い様文化」の共有が進んでい

る。これ自体はとてもよいことだと思う。でも、父親社員においては、母親社員への理解や自分の育休取得あたりでとどまっている印象を受ける。女性の社会進出には、男性の家庭進出が欠かせない。家庭と仕事の両立は何も女性のためだけのものではない。父親である自身にとっても、周囲の父親社員にとっても必要であるという認識がもっと広まってくれることを切に願う。

　例えば、子どもが熱を出し、回復までにかかる日数は平均３日。女性が社会で活躍するためには、女性ばかりが休むわけにいかない。保育園からのお迎え要請への対応も、親として大切な役目だ。こうした緊急の対応や子どもの看病の際の、母親社員に対する制度や気遣いが、男性社員に対しても当たり前になされる社会になってほしい。女性に〝子育てもキャリアも〟と言うなら、男性だって〝キャリアも父親業も〟追求すべきではないだろうか。

ワーママの毎日は忙しいけれど、よいこともたくさんある

　ワーママの日常は常にバタバタだ。ただ、専業ママの忙しさもあまり変わらない気がする。現に、専業ママの友達が自分の子（男児３人）のお世話（ときにはうちの子も）と、子どもたちの習い事の送り迎え、地域での役員などに奔走している姿を見ると、私よりも忙しいのではないかと感じることも多い。仕事と家庭の両立は大変ではあるが、仕事でのモヤモヤは家庭で、家庭での煩わしさは仕事でリセットできるという面もある。それが可能な環境をいただいている現在の職場の方々には、本当に感謝している。

　また、生活は忙しくとも、子どもたちからもらう楽しさやうれしさも倍以上になった。会社で育児制度を担当している身としても、これらの経験や思いを今後に生かしていけたらと思う。

Pigeon's Report 13

2人目育児

ずりばいハンターがゆく

◎YNさん ◎2児のパパ（30代／経理財務部）

長男と、3歳上のお姉ちゃん2人の育児中。
わが家のずりばいハンターの恐怖エピソードをご覧ください。

生後4か月
首が横を向いた！
ドーーン
か　かわい〜〜〜！
すごいね　成長してる！
カシャ　カシャ
生後5か月
後ろに下がっていく…！
ズリ…　ズリ…
そのうえ 横にも転回できる…つまり
組み合わせれば自力で移動ができる！
シュン！
シュシュン！
縦横無尽
行きたい方向に行けるわけではないっぽいけど
アーッ
これ以上後ろに行けなくて怒ってる
なんという行動力…！

と思いきやその数日後
ズリ…
ズリ…
ズリ…
前に進んでる！
うそこんな急に!?
あっそれは…
ぐわしっ
はむぅ
ひぇ〜〜〜
「ずりばい×お口チェック」やばい…！
片づけなきゃっ
ゴー…ッ
ごちゃっ
大事な物はハンターの届かない所に！

生後6か月
だめだ…
常にハンターの動きを阻止する生活すごく疲れる
はぁ…
はぁ…
ちょっとバウンサーに乗ってもらおう
ぱうんぱうんしようね〜
ヂアァァ
じた
アヴァーーッッ
じた
ばた
意地でも乗らない
じゃあ…ベビーベッドにいてもらおう
アィアヴ〜ッ
じた
ばた
じた
ばた
探索への執念がすごい

生後7か月
あれ 長男がいない！
ここにいたのに‼
どこ行った？
いない
寝室とか⁉
でもさすがにそんな速く移動は…
ドタ バタ
‼
ドオオッン！
キャ〜ッ
そこには暗闇で生き生きと一人遊びしているずりばいハンターの姿が‼

お姉ちゃんはお座り大好きだったし暗い所なんて怖がって一人じゃ絶対行かなかったのに
あ～そうだったよね
きょうだいでも本当に性格は違うものだなあ…

しみじみ…

子育てって面白いねぇ…

ズリ…ズリ…

あ…

はっ！

また消えてる!!

こうして立派に育ったずりばいハンターは
今日も新たな刺激を追い求めて放浪の旅に出るのであった――…

ずりばいハンター(0)

ズリ…

ズリ…

もう好きにして

Pigeon's Report 14

3人目育児

3人の子育てを経て

父親として日本の子育て環境に思うこと

◎NWさん

◎3児のパパ（30代／人事総務部）

子どもたちが大好き。大好きすぎて、子どもたちが何歳になっても子離れできる気がしません。

1人目の誕生

出産の神秘に空を見上げ、涙する

わが家には3人の子どもがいる。「ひとつきいっしょ」も、3人目のときは事情により取得できなかったが、2回取得している。ここでは、3人の出産・育児を振り返りつつ、当時感じたことや考えたことをまとめてみたいと思う。

第1子である長男が生まれたのは、もうかなり前のことだ。その日、妻はいよいよ始まった陣痛にもがき苦しんでいた。普段聞いたことのないような絶叫と、見ているのもツラい苦しみよう。しかし、そばにいる自分にできるのは、腰をさする程度。男の不甲斐なさを味わった。

近年では、立ち会い出産をしたという話を多く聞くが、私は、女性にとっての人生最大の修羅場ともいえる場に、男は立ち入るべきではないと考えていた。そのため、まるでドラマのように分娩室から赤ん坊の泣き声が聞こえたときには感動と安堵が入り混じり、「おめでとう」という義母の言葉に、何一つ返せなかった。

何ともいえない感覚に陥り、病院前の道路で空を見上げながら涙を流した。出産とは「多くの女性が経験するごく当たり前の行為」と思っていたが、大きな間違いだ。出産は男の想像を絶するものであり、本当にとてつもない仕事。世の中のすべてのお母さんを心から尊敬した。

生まれたのは元気な男の子。長男が1歳になる頃、私は育休を取得した。まるまる1か月、仕事を離れて育児に専念したのだ。入社から7年、育児のために会社を1か月も休むことは想像していなかったが、仕事をしながらでは決して気づかなかった、長男のちょっとした仕草や気持ちを感じ取ることができた。

例えば、ウンチをするタイミングと顔つきがわかるようになった。また、寝るときは私の布団で寝るようになった。そして、近所の奥様たちと仲良くなったことも、育休の成果である。

「ひとつきいっしょ」の目標の一つは「育児を語れる社員になる」こと。さて、この目標は達成できたであろうか。長男の育児は語れるが、赤ちゃんはそれぞれに驚くほど違いがある。育児のベテラン選手になるには、最低あと2人は子育てをしないと難しそうだ。

2人目育休で、どっぷり育児
ママさんネットに仲間入りを果たす

そう自分で考えていたからなのか、ありがたいことに私はあと2人の子どもに恵まれることとなる。長男の誕生から3年後、私は再び分娩室の前にいた。経験というのはある意味すごい。2人目のときは、自分でも驚くほど落ち着いていた。陣痛の知らせから約5時間後、元気に次男が誕生。赤ん坊よりも母体のほうが心配で

「お疲れ様。ありがとう」と声をかけると、妻は、疲れ切った表情ながら笑みを浮かべ、頷いた。その顔を見て、本当に安心した。

ところで、次男を出産した産院はとにかく混んでいた。診察時は予約していても1時間待ちは当たり前。初産ならまだよいが、幼児を連れての産院通いは妊婦には負担だろう。産科医不足のニュースをよく聞くが、それを実感した。

次男のときは、次男が1歳1か月の頃に育休を取得。取得を快く承認してくれた上司や同僚に感謝しつつ、2人に増えた子どもと1か月真剣に向き合い、どっぷり育児してみようと決心した。全面的に担当したのは、次男のオムツ替え、お風呂掃除、子どものお風呂、夕飯の支度(1品)。家族みんなで長男の幼稚園のお迎えと、夕方の散歩にも行った。毎朝6時に起き、22時には就寝。絵に描いたような規則正しい生活。非常に理想的だ。仕事と両立しながらの育児となると、こうもいかないのであろうが……。

さて、長男のお迎え時のことだが、最初の頃、毎日顔を出す私は、ほかのママさんたちからかなり不審がられ、痛いほどの視線を浴びたものだった。しかし、事情を説明すると「さすがピジョンだね」とよく言われた。

ママさんたちにはママ・ネットワークが完全にできていて、園の参観イベントともなると、まあ驚くほどにケタケタと笑い、よくしゃべる。そんなママさんたちに最初は圧倒されていたのだが、育休が終わる頃には長男のパパとして認識いただき、ネットワークの端っこのほうには加われたのではないかと勝手に思っている。

3人目がやってきた!
今度は女の子……?

それから2年半後、3人目が妻のお腹にやってきた。3回目ともなるとベテラン気分である。

妻はわんぱく盛りの息子たちに手を焼きながらも、何の問題もなく妊娠期間を過ごしていた。

その頃わが家では、妻と息子たちによる、赤ちゃんの名前検討会が頻繁に開かれていた。性別判明前だったのだが、よく話し合われていたのは女の子の名前だった。

そろそろ性別がわかるという時期の健診時、たまたま休みが取れたので、健診に家族4人で行った。みんなで診察室のエコーのモニターを食い入るように見ていたとき、長男が叫んだ。「お○ん○んだ!?」先生は苦笑い。そう、3人目も男の子。三兄弟である。

3人目も立ち会い出産しないはずが急遽立ち会うことに!?

いよいよ出産当日。今回も立ち会う気はなく、病院にその旨を伝えていた。ところが、分娩室の外で待っていると看護師さんが突然出てきて叫んだ。「お父さん、そろそろ生まれますよ！どうぞ中に入ってください！」何かの手違いでは!? でも、もしかしたらこれが最後かもしれない。そう思い、中に入ることを即決した。

室内では妻が悶え苦しみ、まさに修羅場のさなか。妻の手を握り、看護師さんたちと一緒に踏ん張るリズムをとりながら声を出し、一生懸命励ました。そして、15分も経たずに、元気に三男が誕生した。ごくわずかな時間の立ち会い出産だったが、この経験は一生忘れることはないだろう。立ち会ってよかったと思う。

長男、次男のときは里帰りしていた妻は、今回は長男の幼稚園もあるからと、里帰りはしなかった。母親はたくましい。とはいっても、車で10分ほどのところにいる義母が、ほぼ毎日来て食事や子どもたちの世話、幼稚園の送り迎えまでしてくれたことは大きい。お義母さんには感謝でいっぱいだ。こうしたサポートがなかったら、3人育児はかなり大変だったに違いない。

産後の女性ケアはもっと充実させるべき

三男の誕生後しばらくして、妻がポツリと言った。「産後3か月くらいすると抜け毛がひどくなるの。歯も弱って痛みだすんだよね」言われてみると、家の至るところに妻の髪の毛が落ちていた。また妻は、産後は毎回歯医者に通っていた。母親が子どもに栄養を分け与えたことを実感した瞬間だった。3人も子どもを産んだ妻にはもう少しラクをさせてあげたいと思うが、家にいると子どもたちが騒ぎ、それも難しい。

あるとき、テレビで韓国における産後の女性ケア事情が紹介されていた。「産後調理院」という宿泊施設に、2週間から1か月ほど滞在するのが一般的なようだ。産後の体の回復をサポートするのが目的で、スタッフが24時間体制で付き添う。滋養のある食事が提供され、赤ちゃんのお世話法や母乳ケアについて教えてもらえる。値段による違いはあるが、病院とはレベルの違うホテルのようなところも多いようだ。

日本では、多くの母親が産後4、5日で退院となる。日本でも、せめてもう少し産後ケアを充実させるべきではないかと考えてしまう。※

3人の育児をしながら父親として考えたこと

幼稚園で知り合ったパパ友とお酒を嗜む機会が定期的にある。その際にたまに話題となるのが、子育ての環境について。子をもとうとする若い夫婦がまず考えるのが経済的問題ではないだろうか。「子どもを育てる＝お金がかかる」というイメージが定着しつつあるように思う。また、共働きが前提の場合、出産したとしても、今度は待機児童問題がその前に立ちはだかる。

※　2023年現在、日本でも類似の施設はあるが、まだまだ少ない。

三男にミルクをあげてくれている長男

三男は完全に2人の幼いお兄ちゃんたちのオモチャ的存在。3人目の宿命か

高齢化に伴う政策もある程度必要だと思う一方、経済面や環境面で若い世代が子どもを産むことを躊躇する現状は、この国の将来を考えると大きな問題だ。政府や企業は一体となって子どもを産みやすく、育てやすい環境の整備に注力すべきだと思う。そして、子どもをもつ親とわれわれピジョンは、子どもを産み育てることの喜びとその価値を、より多くの人に伝える使命があると考える。

私自身、3人の子どもの父親になり、一番大きく変わったことといえば、気持ちのもち方だ。息子たちにとって私は頼れる父親であり、パパがこの世で一番強い人なのだ。そう、私は強く、頼られる存在でなければならないと思っている。

そして、息子たちを一人前の人間に育てるという使命感。その使命感によって心配事が増えたのも事実だ。しかし、子どもたちの力は半端じゃない。とにかく、幸せなのである。

ピジョン社員が

本気でオススメする自社商品

vol.2
これは便利！
編

もはや必須級！　あるとないでは大違いの、生活お助けアイテムをご紹介！

はじめての仕上げ専用 電動歯ブラシ

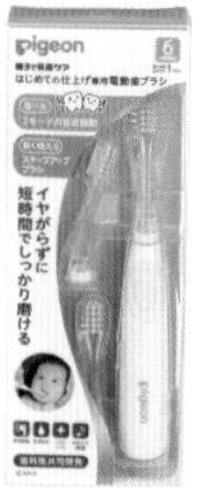

●手で磨くよりラクだし、しっかり磨けている感じがする。（SSさん／2児のパパ）●口の中が見えやすく磨きやすい。優しい振動とピロリンという音で子どもが嫌がりにくく、虫歯対策の救世主！（NJさん／1児のママ）

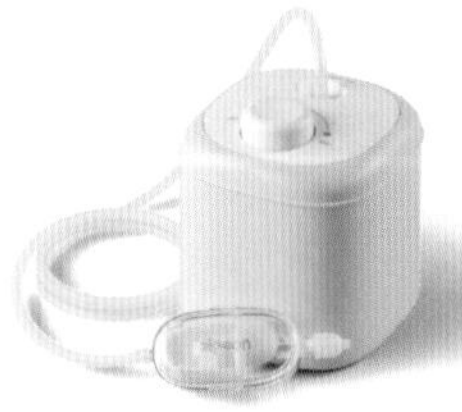

電動鼻吸い器

●**めちゃくちゃ取れる。**（DNさん／2児のパパ）●病気のときなど、赤ちゃんの苦しそうな鼻詰まりをゴッソリ解決してくれる。（STさん／1児のパパ）●風邪をひいたときに信じられないくらい大活躍。（TSさん／1児のパパ）

赤ちゃんのやわらかパックごはん

●７倍がゆ、５倍がゆを作って小分けパックに入れるのが本当に面倒。炊飯器やしゃもじを使うとビチャビチャで、ご飯が取りにくいが、このパックご飯はレンチンでOKなので、すごくラクチン。（HKさん／2児のパパ）

＼ピジョン社員が育児中に考えた／

こんな商品あったらいいな！

赤ちゃんの泣き声発電

赤ちゃんの泣き声は「よくこの小さな体から！」と驚くほど力強い！ この大きな泣き声をエネルギーとして活用できないかと考えたのがコレ。実際に、音力発電という技術はあるようです。

（KMさん／3児のパパ／商品開発部）

Chapter
3

苦労も喜びもさまざま それぞれの育児のカタチ

Pigeon's Report 15　双子育児

MDツイン育児の記録

私の育児は妊娠期から始まった

◎ANさん
◎2児のママ（30代／商品開発部）

このレポートを読んだ夫は自分のことがあまり書かれていないと拗ねていました（笑）。

待望の妊娠！　でもMDツイン!?
不安でいっぱいの妊娠期がスタート

「ライフデザイン休職[※1]」の取得から5か月、待望の妊娠がわかった。その2か月後、妊娠4か月になる頃にはつわりも落ち着き、復職もして、落ち着いた妊娠期が始まるのだと楽しみにしていた。が、今振り返れば、妊娠期でワクワク感があったのはこの頃だけだった。

　ひと月後、胎児は双子、しかも胎盤が1つの「MDツイン[※2]」であることが発覚したのだ。通っていた産院では対処できないと言われ、大学病院へ。MDツインでは、早産、妊娠高血圧症、妊娠糖尿病のリスクが単胎より1000倍も高いという。復職にはドクターストップがかかり、自宅安静を余儀なくされた。

　やっと自宅安静生活にも慣れてきた頃、健診で尿タンパクが3プラスに。翌日、入院セット

※1　ピジョン社員が利用できる、不妊治療や養子縁組、里親制度の利用を目的とした休暇・休職制度。
※2　「monochorionic diamniotic twins（一絨毛膜二羊膜双胎）」。胎盤は1つだが羊膜は2つという双子のこと。

を持って再検査すると、妊娠高血圧症と診断され、MFICU（母体胎児集中治療室）にて絶対安静となった。このとき、妊娠26週。

妊娠高血圧症は、発症すると妊娠を終わらせる（出産する）しか改善方法はなく、悪化すると母子ともに命の危険がある。ただし、胎児のためにはできるだけお腹で育てなければならない。その狭間で、これ以上悪化しないよう祈りながら、安静にしているしかなかった。

急遽出産することになるもベッドが埋まって産めない!?

双子はともに男の子だったが、約1か月後のエコー検査で、次男の体重が増えていないことが発覚。「妊娠高血圧症も悪化しているから、そろそろ出したほうがいいかも」と言われ、急遽、翌日出産することに。すぐに、帝王切開手術の説明、赤ちゃんの肺を強化させる注射、血栓予防のための脚のエコー検査が行われた。

が、翌朝「NICU（新生児集中治療室）のベッドが埋まり、2つ確保できないから、ここでは出産できない」という知らせが。でも、私の状態も待ったなし。「全国の病院に電話して、ベッドが2つ確保できたところに救急車で行くから」と言われ、バタバタと準備が始まった。まもなくして「ここから車で2時間の大学病院に決まった！」と先生が部屋に飛び込んできた。

連絡を受けて到着した夫に荷物を渡し、私はストレッチャーに乗り、付き添いの先生と一緒に救急車へ。このとき、妊娠30週4日。初めての救急車はあまり居心地のよいものではなかった。拘束されているため寝返りは打てず、車の振動はじかに体に響いた。

やっと病院に到着すると、すぐに診察、エコーとNST[※3]による胎児の検査をして、入院手続き。手術になる場合を想定し、この日は断食して就

※3　ノンストレステスト。赤ちゃんの心拍や母親の子宮収縮などを確認する。

寝。けれど、家からも遠い初めての病院で、私はなかなか寝つくことができなかった。

次の日、妊娠高血圧症の専門医の先生に朝イチで診察を受けた。「すごく悪いわけではないけど、赤ちゃんの体重も増えてないし、今産んであげるのが一番よい」とのことで、緊急帝王切開手術に。「ここまでよく大きくした」と先生に言われ、初めて病院で泣いた。

私はすごく安心したのだ。妊娠高血圧症の発覚以降、もしかしたらお腹の中で赤ちゃんが死んでしまうのではないか、今は心音が聞こえているけど30分後には赤ちゃんが苦しくなっているのではないか。こんなにも妊娠中に問題が起きて、私の体は妊娠すべきではなかったのかもしれない。自分のエゴで無理やり妊娠し、でき損ないのお腹で苦しい目にあわせて子どもに申し訳ない――ずっとそんな気持ちがあった。でも、お腹から出してあげられれば医療で対処できることが増える。そんな安心感があった。

手術室は非常に明るくきれいで、なぜかテンションが上がっていった。さすがは大学病院。手術に関わる人がどんどん増えていく。総勢10名以上はいらしたかと思う。

ついに誕生！ かわいさに癒されるもまた気がかりなことが……

手術が始まって数分ほどで長男が誕生、すぐあとに次男も誕生した。2人とも自分の声で泣いてくれ、小さいけどかわいい赤ちゃんだった。しかし、すぐ保育器に乗って行ってしまった。

一方、私のほうは出血が止まらず、出血多量で貧血に。血圧も急激に上がり、再び子どもたちに会えたのは翌日の夜。車いすでNICUに行くと、息子たちにはいろんなコードがつながり、マスクや目隠しでほとんど顔が見えなかったが、とてもかわいくて、うれしい気持ちになった。

1690gと1129gで生まれた小さな小さな息子たちは、毎日本当に頑張っていた。早産による低体温、貧血、黄疸。ミルクは直接口からは飲めず、足のかかとには点滴の管、心電図とサチュレーション※4測定のためのシール。私は一日8回のさく乳の合間をぬって、息子たちのオムツを替え、体に手を当てる「ホールディング」をした。が、次男はホールディングをすると落ち着くのに、長男は真っ赤な顔で泣く。変だなと感じていた矢先だった。

翌日、新生児科医から緊急の説明会があった。朝レントゲンを撮ったところ、長男の右上腕の骨が折れているというのだ。出産直後からのレントゲンを見直すと、出産時から折れていたそうだ。「すぐに整形の先生に処置してもらう。2日間も気づかず申し訳ない」と謝罪があった。

産科医たちからも「ありえないが、出産時に折れたとしか思えない。今から手術中の映像を見直し、調査を行う」と謝罪を受けた。突然のことで不信感が募ったが、今急ぐべきは長男の治療と予後の確認。事態を改善しようと奮闘している医師や看護師さんたちの様子を見て、もう一度この病院を信じようと思った。

やっと体重も増え、呼吸も安定したが元の産院に戻るなど慌ただしい日々

出産から7日、私は無事退院した。でも、息子たちは当然まだ退院できず、入院中の病院は家からは遠すぎる。そこで、近くのマンスリーマンションを借り、毎日NICUに通った。今私にできることは、母乳を届けることくらい。そう思い、必死にさく乳した。

やがて、誕生から1か月経つ頃、息子たちの体重は増え、呼吸も安定し、NICUからGCU（新生児回復室）に移動した。その頃、元々いた病院のNICUのベッドが空き、転院して

※4　血液中の酸素量の目安。

はどうかと打診が。既に医師や看護師さんとも信頼関係が築けていたので正直イヤだったが、子どもを今後診てもらう病院は家から近いほうがいい。私は転院を決意した。しかし、転院先のNICUはより過酷な状況だった。息子たちは保育器からコットに移され、温湿度管理もなくなり、ミルクも哺乳びんで飲むように。「状態がほかの子に比べると安定している。体重2kgを超えたら退院です」と説明を受けた。しばらくここで過ごすものと思っていた私は焦った。

過酷な双子育児にも徐々に慣れ やっと復職を考えられる元気が

体重が2kgを超えた長男は、1週間ほどで退院。それからは家で長男の育児を行い、13〜17時の間はファミリーサポート（ファミサポ）さんに来てもらい、次男との面会を続けた。

2週間後、ついに次男も退院。しかし、双子育児はかなり過酷だった。夜はお互いの泣き声で起こし合い、2時間寝られればよいほう。義母もサポートに来てくれていたが、逆に気が抜けず、だんだん体力が低下。あんなにほしかった子どもなのになぜ産んでしまったのか。なぜよりによって双子なのか。私には無理なのではないか。そんな不安に押しつぶされそうだった。

そんなとき、市の双子ママ交流会に参加。そこで言われたのは「手を抜く。適当にやっても赤ちゃんは死なないから大丈夫」「赤ちゃんもこの世に来たばかりで慣れるには数か月かかる。自分も知らないところだとイライラするでしょ？」その後アドレスも交換し、育児のアドバイスや楽しいことを教えてもらった。このつながりは今でも続く、とても大切なものだ。

それからは色々なことを変えた。こだわっていた母乳をやめてミルクにし、睡眠時間を確保。気を遣う義母には帰ってもらい、ファミサポさ

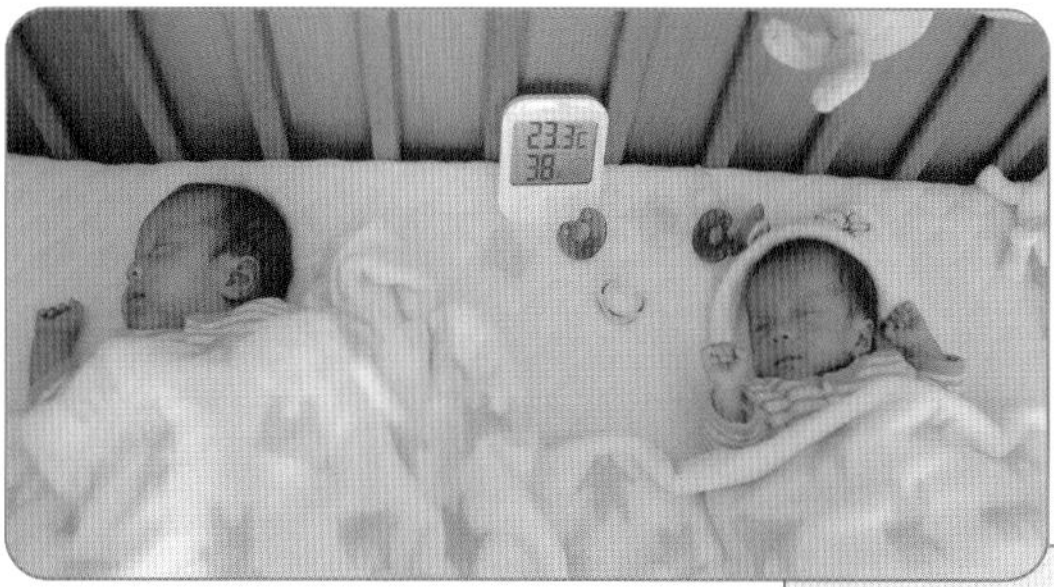

↑2人が自宅にそろった頃。双子ゆえ共鳴して一緒に泣いてしまうことも多かった

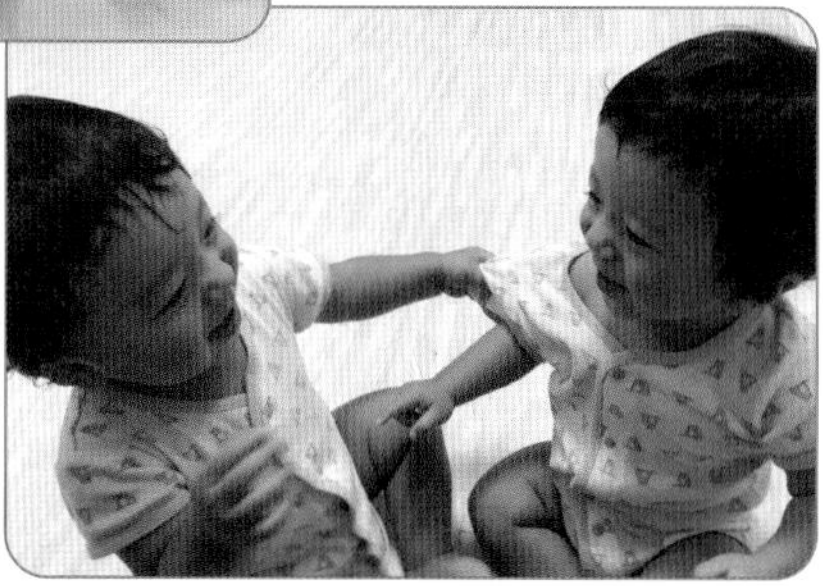

→すっかりわんぱくになった1歳4か月の頃

んに依頼。生活サイクルを決め、息子たちに慣れてもらう。すると、夜もよく寝てくれるように。生後5か月（早産のため、修正月齢3か月）、やっと復職に向けて動き出せる気持ちに。

この手に息子たちを抱ける幸せを思い、母になれたことに感謝

息子たちは現在、1歳4か月。あんなに小さかったのに今では10kgを超え、一人で歩けるように。育児に不安もあるが、楽しさも同居している。もがきながらやっていくしかない。

また、息子たちの笑顔を見るたび、産んでよかったと幸せな気持ちになる。もしどこかで何か無理をしていたら、この手に息子たちを抱くことはできなかっただろう。妊娠期からたくさんサポートしてくださった会社の方々には、本当に感謝している。みなさんの優しさに支えられ、母になれたことを、心からありがたく思う。

Pigeon's Report 16

双子育児

双子育児奮闘記

覚悟を要した出産と、新生児期のお世話

◎KHさん

◎2児のパパ（40代／人事総務部）

双子のママ、パパ頑張れ！　応援します。
でも知ってる。充分頑張っているよ。

高齢出産、不妊治療の増加で多胎児の出生率も増えている

アラフォーの妻と私は子どもを望み、病院通いをしていた。もう無理かなと諦めかけていた頃、妻の妊娠が発覚！　さらに翌週、胎児は双子であることも判明。うれしさとともに、少し不安を覚えたのも事実だ。近年、日本をはじめ、先進国における多胎児の出生率は大幅に増えている。増加の主な理由は、デリケートな話でもあるが、不妊治療の普及だ。日本ではかつてより高齢出産が増え、高齢の場合、受胎率が下がるため、不妊治療も増えているのである。

入院を希望した近隣の２つの病院からは、立て続けに断られてしまった。理由は高齢・初産・多胎児であることからハイリスクと評価されたため。最終的にＮＩＣＵ設備の整った、多胎児出産に実績のある病院に決まったが、妻や子ど

もに、健康や命のリスクがあることを覚悟させられることに。しかし、その病院には多胎児出産予定の人向けのクラスがあり、妻と参加したところ、同じ状況の方と交流がもて、安心できた部分も多かった。

ドキドキの出産と新生児期でも、双子育児ならではの喜びも

いよいよ出産の日が近づいた。母体の安全を優先し、予定日を早めての帝王切開に。無事、男の子と女の子が生まれた。娘は2000g以下の低体重でNICUに入ることになったが、息子は予想に反して一般病棟で母子同室に。

ところが、息子もすぐ呼吸器関係にトラブルが見つかり、翌日にはNICUへ。一度胸に抱いた子どもが手元から離れていく。妻が不安で泣いていた姿が忘れられない。酸素吸入器を口に当てられ、体中センサーだらけだった息子の姿は、私にとってもショッキングなものだった。

妻は予定どおり退院できたが、子どもたちは体重や体調の安定を待ってからに。その間、妻は産後の痛みを抱えながらさく乳し、冷凍しては病院へ持参。私も会社帰りの病院通いが日課に。消灯後、センサーの明かりだけが光る暗い部屋で、保育器の中の子どもたちへミルクを与えたり、オムツを替えたりしたことを思い出す。

やっと、娘は生後67日後、息子は生後90日後にわが家へ。家での育児も双子は大変だ。絶え間ないリクエストは2倍。1人でもそうだが、双子ではなおさら、家族のサポートは必須だ。

何だかネガティブな面ばかり書いてしまったように思うが、2人が思わず同じ行動をとったり、2人それぞれの成長を感じたりするときはとても微笑ましく、双子育児ならではの喜びがある。これからも大変なことは多いと思うけれど、試行錯誤しながら、育児に奮闘していきたい。

Pigeon's Report 17

妊活

私たちの不妊治療

◎KTさん ◎1児のパパ（30代／人事総務部）

思いどおりにいかないこともあるけれど、
何事も人生の糧になると思っています。

互いに早く子どもがほしいと思っていた私たちは
結婚式が終わってすぐに妊活を始めました
かわいい～
うちにも早く赤ちゃん来てほしいな～
きっとすぐ授かれるよ
まさかあんなに悩むことになるとも思わずに…
○○産婦人科

化学流産…？
胎嚢《たいのう》が確認できません
残念ですが…
妊活を始めてすぐに授かった命は流産――…
うっ
化学流産は一定の確率で起こることらしいし
またすぐ妊娠できるよ
うん…
妊娠発覚の喜びから一転
妻は丸3日間泣き続けた

次のニュースです
タレントの○○さんが自身のSNSで第1子の妊娠を発表しました
○○さん 第1子妊娠
既に安定期に入っていて「授かった命を大切に夫婦で過ごしていきたい」とコメントしています
芸能界 おめでたいニュースが続いていますね！
もう3か月妊娠反応は現れていない
あのさ…
夫婦で不妊症検査受けてみようか
1回は妊娠反応が出てるんだから異常ないはず
早く検査を受けて安心して妊活を続けよう！

うん…
そうしよう！
数日後……
××クリニック
先日の検査結果ですが…
精子の質を表す各種数値のほとんどが基準を下回っています
え…
自然に妊娠する可能性は低いため体外受精をおすすめします
……
妻の検査結果は問題なし
妊娠できない原因は私にあったのだ

人工授精や体外受精は多大な苦痛を伴うものであると聞く
私に原因があるのに妻にこれ以上負担をかけるなんて…
ねぇ これ見て！
その男性不妊、泌尿器科に相談してみませんか
すぐ相談に行ってみる！
原因は精索静脈瘤《せいさくじょうみゃくりゅう》※ですね
手術すれば治る可能性があるよ
ほんとですか!?
産婦人科

※ 睾丸付近の血液が逆流して起こる静脈瘤。

そして翌年――…
待望の長女が誕生
私たちは
パパとママに
なった
私たち夫婦が
不妊に悩んだのは
比較的短期間だったと思う
それでも
今でも夢に出るほど
重苦しい
経験だった
体外受精など
高度生殖医療に
取り組まれている方々の
つらさはどれほどのものか…
私たちの場合
不妊を乗り越えたことで
夫婦のきずなは確実に
強まった
けれども不妊には
経験しなければ絶対に
わからない
それぞれのつらさがある
それが私たち夫婦の
知ったことだった

Pigeon's Report 18

特別養子縁組

特別養子縁組の道のり

わが家に1人の男の子を迎えるまで

◎YMさん

◎1児のママ（50代/商品開発部）

夏のトレンドはバッタ捕り（トカゲの餌用。虫・生き物好き男児よ、餌は自分で捕りなさい）。

特別養子縁組を目指し、動き出す　知らないことばかりのスタート

2016年秋より、私は「ライフ・デザイン休職」を取得しました。その前から特別養子縁組を目指していましたが、その過程において、育児に集中する必要があったためです。※1 ここでは、当時のことを振り返りながら、そのときの経緯についてまとめたいと思います。※2

その数年前、私たち家族はまず児童相談所へ行き、養子縁組里親のご担当者（以降、里親担当）と面会しました。その後いくつかの研修を受け、申請手続きをすると、児童相談所の里親担当による家庭調査、そしてそのあと審査に通ると里親登録が完了します。すると、児童相談所から委託の対象となるお子様の紹介・打診が電話連絡にていただけるようになります。対象のお子様のバックグラウンドや発達状況などが知らさ

※1　現在の「育児・介護休業法」では、特別養子縁組里親、養育里親等の方も対象です（YMさんの体験した時点では対象外だったため、ピジョン独自の休職制度を利用）。養子縁組や里親を検討されている方は、会社に確認することをおすすめします。

れ、10日ほどの検討期間を経て、エントリーするか否かをこちらからも電話にて連絡します。

そのとき伺うお話のなかには、複雑な生育背景であったり、日頃の生活のなかではなかなか触れることのない、事件や事故が関係している場合もありました。そのなかでも元気に生まれ、育とうとしている子どもの存在と命の重さに、圧倒されることもたくさんありました。

私の場合は、委託が決まるまでの数年の間で30数件にエントリーしました。ちなみに、同時に複数のお子様にエントリーすることはできません。一人エントリーして委託いただけなければ、また次のお話をいただくのを待つことになります。結果についても電話で知らされるのですが、委託に至らなかったとしても、その理由はお知らせいただけません。

この、理由を聞かせていただけないことについては、不安や自信喪失に陥るきっかけにもなりました。当然「子どもの福祉」の観点から選定されることは承知しているのですが、「委託判断をもらうにはどんな努力をしたらよいのだろう」と困惑を感じていました。

ついに委託が！男の子と初面会

夏のはじめ、ついに、エントリーしていたお子様についてわが家にお任せいただけるとの連絡を受け、交流が始まりました。まずは児童相談所の担当者がわが家にお見えになり、お子様の詳細なバックグラウンドと写真が示されました。

その翌月からは乳児院に、児童相談所の里親担当、子ども側の担当、私ども夫婦が訪問。私はここで初めて〝子ども〟と出会いました。表情や動作から、実際の月齢よりは少し幼いような印象を受けました。その一方で、保育士さんのひざから離れても泣かず、興味津々でこちら

※2 特別養子縁組の制度、および交流などの期間や方法は、国・地方自治体の行政や時期、あるいは福祉施設によって変わり、事案によっても必要な手続きや時間が異なります。本書の内容は、あくまでも筆者の経験した内容としてご理解ください。

を見ている様子には逞しさも感じました。

その後は週2回、半日程度の面会を繰り返しました。2回目の面会から保育士さんの同席はなく、夫婦二人で子どもと遊んだり、離乳食を食べさせたり。眠くなってぐずることはあっても、毎回概ね機嫌よく過ごしてくれました。

さらに、8月末以降は自宅にて1～2泊の外泊交流も開始されました。子ども自身、施設以外で昼夜過ごすのは初めてのはずでしたが、泣いたりすることもなく、不安よりも好奇心が勝っている様子。ただ、外泊中の夜間や休日に体調不良となったりして、救急外来のお世話になることもあり、この突然のトラブル対応には焦りました。乳児院と自宅にかなり距離があったことから、子どもが日頃かかりつけにしている病院に連れて行くことも、緊急対応ではできないということに、そのとき初めて気がつきました。体調不良の子を目の前にしてあたふたしつつ、何とか対応しましたが……。

日頃、仕事のなかで赤ちゃんの体調不良やケガなどの対応方法について情報をもっているつもりでいても、いざその場になると役には立ちません。改めて、乳幼児への救急対応を学んでおく必要を感じました。

長期外泊交流中に誕生日！思い出のバースデーケーキ

秋も半ばにさしかかった頃、本委託をふまえた長期外泊交流について判断が下され、1か月後から長期外泊交流を開始することとなりました。ここで、冒頭に書いた「ライフ・デザイン休職」を取得。折しも誕生日が交流日と重なったため、自宅でお祝いもできました。ホールケーキ（乳児院からご指導いただき、小麦・卵・乳不使用のものを探しました！）を出した途端、目が真ん丸に。そっと指で触り、私の顔を見てから、口からケーキにガブリ！

産みの親御さんについては、どんな方かも今どうされているのかも、知る由もないことです。けれど、その方が出産後、比較的早い段階で乳児院に預け、養子縁組を前提とすることを判断されたからこそ、私がこうしてこの子の誕生日に寄り添うことができました。そのときのその方の経緯や心情は想像すらできませんが、やはり私はその方に感謝と敬意をもっています。

子どもには出自を知る権利があり、養子という事実は子どもの成長を鑑み、適時「告知」を行う必要があります。いつか真実告知に至るときも、産みの親御さんの判断が最適な判断だったと伝えられるよう、感謝と敬意のなかで子育てを進めていきたい。そう思った誕生日でした。

↑お誕生日のときにかじったケーキ。顔中クリームだらけでした

子どもの「ためし行動」はなかったけれど親子の「ためし期間」はあった

その後、「試験養育期間」が開始。これは、もう乳児院には帰らず、一緒に暮らすことを意味します。共同生活も1か月を超える頃になると、わが家の室内環境も把握し、お気に入りの場所もできた模様。また「この大人たちは、どこかに歩いていっても、自分のそばからいなくなるわけではないらしい」ということもわかったようです。

養育里親や養子縁組里親のご経験者にお話を伺うと、もう少し大きいお子様の場合だと、過食や拒食になったり、あちこちで排泄してみたりなど、さまざまな「ためし行動」が見られるとのことです。わが家の場合、そこまでの行動はありませんでした。ただ、一緒に過ごす時間が長くなるにつれ、子どもの様子にも変化が。

共同生活から4か月ほど過ぎた頃、不意に私が子どものそばを離れたりすると泣き出し、そのあと抱き上げ、ベッタリ寄り添わないと泣き続けるようになりました。「ずっと乳児院に帰ってないけど、僕はずっとここにいるの?」と、無意識のうちにどこか不安を感じていたのかもしれないと思うほど、独特な泣き方でした。

この時期は私も、復職に向けた保活などで疲れ、泣き止まない子どもと1対1の日々に戸惑うこともありました。自分自身の葛藤を抱えた私と、「居どころの変化」を感じ、落ち着かなくなっていた子ども。今考えればこれは、お互いを信じられるか確認するための期間だったのだと思います。この時期が、私たち親子にとっての「ためし期間」だったのだと思っています。

「親」という存在になるうれしさと大きな責任

翌年4月には、週に2、3回、短時間ですが託児室などの利用を開始。離れる際に泣いたり後追いしたりはありましたが、新しい大人やほかの子どもたちと触れ合い、子どもの世界は確実に広がったように思います。

一方で、甘えも明確に出てきました。泣いて抱っこをせがむときも、かつてとは異なり、特定の「親」という存在に甘やかしてほしいという意思や期待を強く感じました。私と暮らしていくことに、何の懸念も不安もいだいていない様子をうれしく感じる一方、とても重大な責任を負ったのだと、改めて実感しました。

その後、認証保育園へ入園。新しい環境でも、集団保育への慣れの速さは乳児院時代の体験が大きいのかもしれず、それはこの子の大切な個性なのだと思っています。

これからともに歩んでいくために あのときのまなざしを心にとめて

その年の夏、職場への復帰と前後して、家庭裁判所に「特別養子縁組申し立て」を行いました。審判までは最低3か月、長くて3年ほどかかると聞いていましたが、わが家の場合は約半年後に審判確定となり、ついに、子どもの戸籍が私たち夫婦の戸籍に入ることとなりました。

それほどの問題も起きずここまでこられたのは、ひとえに、子どもの性格と努力に、私が支えられているからだと思っています。「大人」に対する絶対的な信頼をもっていたからこそ、育児に関する情報をもっているとはいえ、実際の子育ては初体験の養親の元にやってきても、彼は「期待」をもって、私がそこに追いつくのを待ってくれていたように思います。彼の「大人に信頼を寄せる力」をつくりあげておいてくださった乳児院をはじめ、関係の方々に、とても感謝しています。

初面会のとき、子どもの私を見つめる眼は、困ったような、照れくさいような気配でありながらも、好奇心にあふれていました。彼の側にそんな意識があるわけもないのですが、その眼は「僕には育つ力があるよ」と宣言しているように見えました。日本の文化や制度のなかでは、「血縁」に独特のこだわりを感じることも多々あります。そのため、今後もたくさんの負荷が彼にかかっていくのだろうと想像しています。

まだまだ待ち受けているであろうさまざまな局面を、親子で柔軟に乗り切っていくためにも、初めて会ったときのあのまなざしを、心にとめておきたいと思います。

Pigeon's Report 19

保活

仁義なき保活

◎KKさん ◎1児のママ（40代／情報システム部）

地方出身で親戚を頼れないぶん、会社のみなさんや先生、ママ友に目一杯助けてもらいました。

2014年12月
おはようございます！
育休から戻りました！
今日からまたよろしくお願いします
わぁ〜っ!!
パチ
パチ
パチ
ああ…この日を無事迎えるまでの闘い
本当に長かったー…
パチ
パチ
パチ

前年11月(妊娠9か月)
やっと産休に入ったし 里帰りする前に保活進めなきゃ!
保育課
年度途中の認可園への入園ですか… 空きがないので難しいですね…
ガーン
ちなみに「保育園」にはいろいろな種類がある…!
認可園
認可保育所
国が定めた設置基準を満たし児童福祉法に基づく認可を受けた園
認可外園
認証保育所
東京都独自の基準を満たし都が設置を認証した園
その他
インターナショナルスクール 24時間ベビーホテル　など
それぞれの違いや制度の仕組みがまずわかりづらい
認可園に入りたいと思っていたけど こんなにシビアならもっと早く動けばよかった…
区役所は平日しか開いていないから産休入ってから行こう
妊娠5か月の私

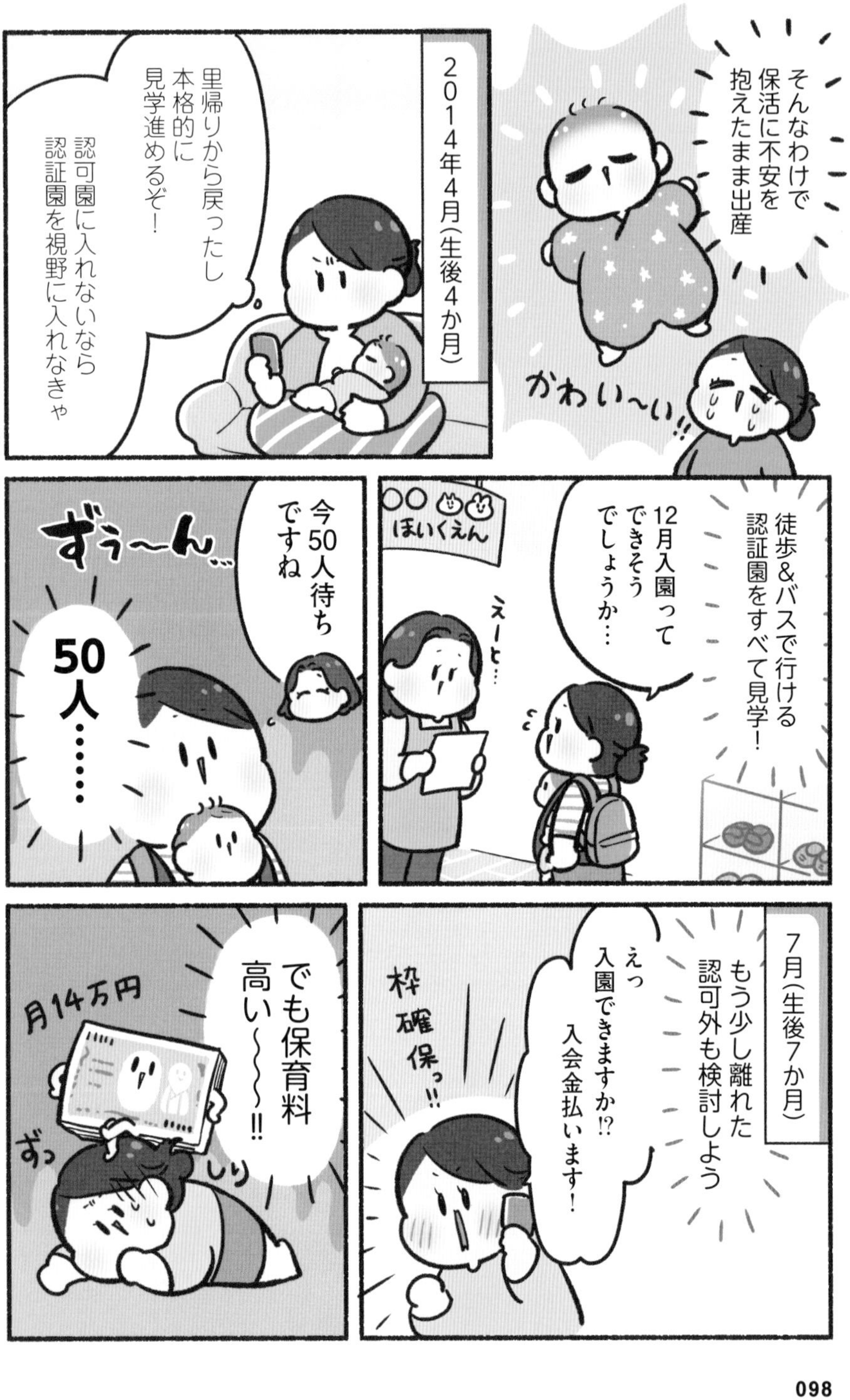
そんなわけで保活に不安を抱えたまま出産
かわい〜い!!
2014年4月(生後4か月)
里帰りから戻ったし本格的に見学進めるぞ!
認可園に入れないなら認証園を視野に入れなきゃ
徒歩&バスで行ける認証園をすべて見学!
○○ほいくえん
12月入園ってできそうでしょうか…
えーと…
今50人待ちですね
ずぅ〜ん…
50人……
7月(生後7か月)
もう少し離れた認可外も検討しよう
えっ入園できますか!?
入会金払います!
枠確保っ!!
でも保育料高い〜〜〜!!
月14万円
ずっしり

取り急ぎ枠を確保したけど…
この金額で何年も通うのは経済的に厳しいよね…？
そ そうだね…
……もうこうなったら引っ越し覚悟で改めてエリア検討だ！
引っ越ししちゃう～!?
いろいろな役所に相談
保育課
入りやすさは…
不動産屋で聞き込み
このあたりの保育園って…
ウェブで情報収集
待機児童数
入園点数基準
その結果――…
A区いいかも！
夫婦ともに正社員ですか？来年4月からなら認可園に入れると思います
わぁーっ!!

復帰後はじめの4か月間は認可外
4月からは認可園に入れる見通しが立った！
2014
2015
12 1 2 3 4 5 6 7
認可外
認可
復帰
転園
この時点で職場復帰予定1か月半前…
ぎりぎり間に合った〜！
というわけで保活のために引っ越しまでしてなんとか職場に復帰することができたけれど…
実際にやってみてわかったのは
妊娠中は体調不良で仕事と生活を回すだけで精一杯だし
出産してからも初めての育児でてんやわんや…

そんななか
保活の不安まで
抱えるのは
精神的にキツいものが
ありました…
本当に
12月に
復帰できるの…？
保育園の
入園事情は
年々変化していて
現在はまた私の頃とは
状況が変わっていると
思いますが
ほいくえん
どの地域でも
保育園入園の心配なく
誰もが安心して
妊娠・出産を迎えられる
そんな世の中であればいいなと
願うばかりです

Pigeon's Report 20

入院生活

生後半年までの入院生活
息子の治療生活と小児病棟の子どもたち

◎MKさん
◎1児のママ（30代／マーケティング部）

退院したその日から、育休期間は毎日お出かけ！
毎週旅行！ のアクティブファミリー。

お腹の子に先天性疾患が発覚！
退院はハーフバースデーの前日に

妊娠6か月の頃、お腹の子に「腹壁破裂」という先天性疾患があることが発覚。成長段階でお腹がうまく閉じきらず、臓器が露出したままになってしまう疾患で、5千〜1万人に1人の確率で発生するという。「生まれるまでできる対策はないし、生まれる前にわかったことが大事」と医師に言われたこと、手術すれば通常の生活が送れることから、あまり深刻になりすぎないようにしようと考えた。夫や家族みんなもサポートしてくれ、一人で抱え込まずに済んだため、旅行したり外食したりしながら、私は純粋に赤ちゃんの誕生を心待ちにすることができた。

出産は帝王切開。生まれてすぐ子どもの手術が行われ、小児科に連れて行かれ、ちゃんと見られたのは2日後、初めて抱っこできたのは1

週間後だった。正直出産の実感があまりなかったのだが、看護師さんが「ママ」とたくさん声をかけてくれたり、親身に相談にのってくれたりしたことで徐々に実感できるように。産褥期の毎日の病院通いはしんどくもあったが、24時間のお世話がないぶん体の回復は早く、会っている時間を本当に特別に感じることができた。

一般的には1か月程度で退院できるそうだが、息子は回復に時間がかかり、入院期間は半年に。生後ずっと鼻に入っていたチューブがすべて外れたのは生後5か月頃。このときは感動し、こんな顔だったんだと改めて見つめてしまった。また、それまでの病院の入院着に代わり、洋服を着せられるように。とてもうれしかったが、産前に購入した洋服はどれもピチピチだった。

もうすぐ生後6か月という頃。「ハーフバースデーはおうちでやりたい！」という私の願いを主治医が受け入れてくれ、無事、6か月になる前日に退院。退院まで時間がかかってしまったけれど、退院後は、日本各地を家族で旅行し、家族の時間をたっぷりと楽しんだ。

小児病棟で頑張る子どもたちと家族みんな、早くよくなりますように

小児病棟には、ほかにも闘病中の子どもたちがたくさんいた。年単位で入院し、一時帰宅を繰り返しながら闘病している子も多い。夜中に痛くて眠れないと泣いている子、家族に会いたいとテレビ電話で訴えている子、寂しさからナースステーションを離れない子。ママたちも「子どもが頑張ってるからつい甘やかしちゃう」と苦笑いしていたり、家で待っているきょうだいの心配をしていたり。子どもたちと家族の頑張りを目の当たりにし、日々の幸せをもっと大事にしていかなきゃと思わずにはいられなかった。つらそうな姿を見ることが多かったけれど、

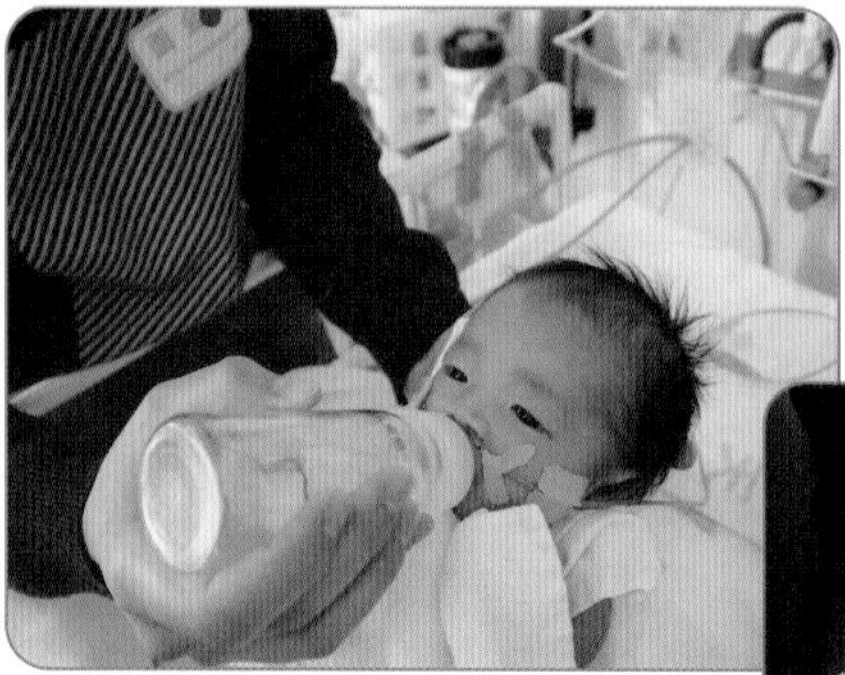

⇧生まれたばかりの頃。１回に飲めるミルクはたった６㎖。一瞬で飲み干してしまう

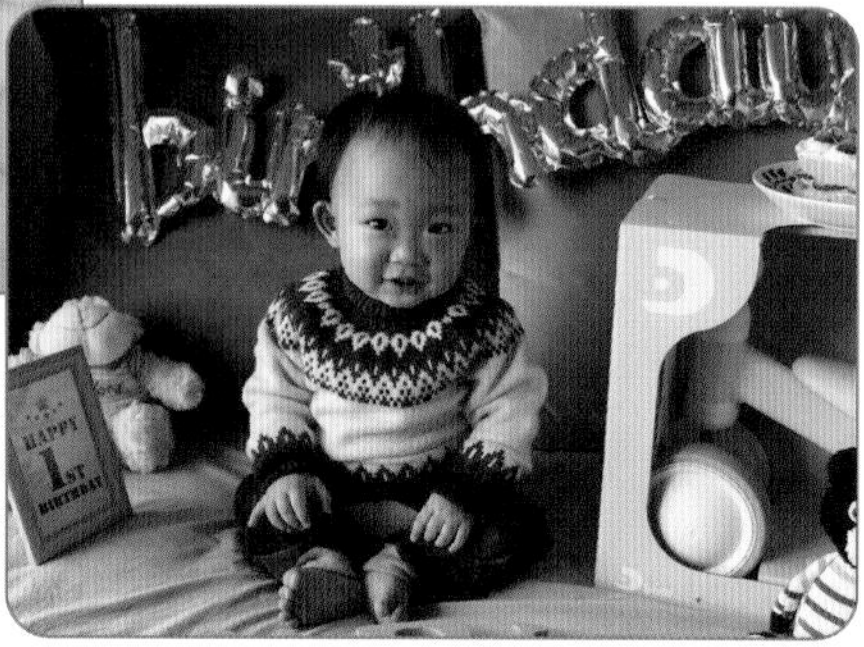

⇧１歳のお誕生日。元気に大きくなってくれてありがとう

学校のようなアットホームな環境で、みんなとても面倒見がよく、優しくていい子ばかりだった。早くみんなよくなりますように。公園で思いっ切り遊べる日がきますように。

息子が１歳３か月の頃、私は復職した。夫も、生まれる子に先天性疾患があるとわかった時点で、半年間の育休を申請してくれたが、退院が延び、結果的に９か月に。男性の育休としてはかなり長いと思う。通院や手術など常に付き添ってもらえたので、体力的にもメンタル的にも助けられたし、大きかったのは、同じスタートラインで常に情報共有しながら育児ができたこと。だから今、夫婦同じレベルで何でもできる。ありがたいことだ。息子は通院が多く、復職に際しては会社からのサポートも非常にありがたかった。子育てと仕事の両立は想像以上に大変だけれど、こうした感謝を忘れず、育児に仕事に頑張っていきたい。

Pigeon's Report 21　仕事との両立

“両立”の4箇条

子どもとの時間を確保するために

◎EYさん
◎2児のママ（40代／商品開発部）

夫と二人三脚で子育てしながら働く兼業主婦。
もはや夫のほうが料理上手なことが気になっている。

朝から晩までフル稼働
一番気を抜けるのは通勤時間中

わが家には、5歳の長男と1歳半の次男がいる。ピジョンに中途入社してから次男を産み、産休・育休合わせて半年間のお休みをいただき、復職した。目下の課題はやはり、仕事と育児を両立しつつ、私たち夫婦なりのワーク・ライフ・バランスを追求すること。このバランスや譲れない点は、人によって当然異なると思う。なので、あくまでここでは、私たちの理想形に近づくためにしている工夫を、まとめたいと思う。

一日は、5時の起床で始まる。22時半の就寝まで、唯一気を抜けるのは、往復2時間半の通勤時間の電車の中だ。家にいる間は、育児と家事で常に時間に追われている。特に、朝と、保育園お迎えから夕食まで、夕食後の片づけから就寝までが「大忙しポイント」だ。少しの遅れが子どもの就寝時間の遅れや体調不良の原因にもなるため、朝から晩まで夫と一緒にフル回転だ。子どもたちが寝たあと、自分の時間もほしいのだが、寝ないと体力がもたないため、早めに寝てしまう。

日々を回すうえでは捨てる勇気とメリハリが大事

私と夫が考える「両立」は、そもそも両方をきちんとこなすということではない。毎日が何とか回っていく状態を指す。そのために私たちが決めている4箇条が以下だ。

①選択と集中
②時間管理とリスクマネジメント
③体制の構築
④テクノロジーに頼る

難しく書いたけれど、やることはシンプルだ。

例えば①は、育児・家事や仕事において、譲れる点と譲れない点を明確にするということ。仕事は基本的に譲れないので、育児・家事で考える。家に舞うホコリや、洗濯乾燥後に畳まないまま重ねられた洗濯物の山。この辺りには目をつぶる。一方、子どもの体調管理や身だしなみは譲れない点なので、食事を手作りにしたり、伸びた爪を放置したりしないよう気を配る。つまり、メリハリである。

②は、全タスクの効率化と、低い確率でしか発生しないけれど起こりうるリスクについての備えだ。例えば効率化では、やるべきことを「今日／週間／半期……」など期限ごとに整理し、グーグルカレンダーやTODOリストにメモ。リスクへの備えでは、まず、子どもの発熱時などにどちらかが対応できるよう、夫婦で週間スケジュールを確認、把握しておく。

また、仕事の予定も、何かあっても夫が休める日にはぎっしり入れ、夫が休めない日は余裕を設けるなど、ここでもメリハリをつける。

③は、ヘルプ体制を組んでおくという話だ。私の2大ヘルパーは、実母と保育園。近居の実母は基本的には頼っていないのだけれど、どうしても保育園のお迎えに行けないときなどに助けてもらうことも。いざというときに頼れる人がいるというのは大きく、ありがたい。保育園は、夕食が出て20時まで預かってくれるところを選んだ。

④は簡単で、とにかくスマホをフル活用すること。通勤時間が長いので往きの電車ではメールチェック、帰りの電車では毎日の夕食のレシピチェックがほぼ日課。近々ルンバも購入予定。

子どもとの時間を確保するために意識していること

ただ、こうしたやりくりで「やるべきこと」はこなせても、子どもとの時間はなかなか確保できない。そのため意識しているのは「急かさない、手を止める、一緒に絵本を読んで寝る」の3つ。子どもはどうしても行動に時間がかかる。それを前提にして、急かさない（とても忍耐力がいるけど）。また、もし話しかけられたら手を止めて、極力要望に応える。そして夜は、一緒に絵本を読んで寝る。

私は正直なところ、子どもに対して罪悪感をいだいている。外で働いているぶん、0歳から保育園に預けられている息子たちに対し、申し訳ないと感じている。でも私は、仕事しながら子育てするという道を選んでしまったので、時折頭をかすめるその罪悪感は胸にしまい込む。そして、専業ママと同じようにはいかないけれど、子どもの体調や成長に、私たちなりに目を配れるよう、努めるのみ。

働くママとして、生き生きした姿を子どもに見せることが、最高の育児であると信じて。

Pigeon's Report 22

仕事との両立

ワーママしたらこうだった

◎YWさん ◎1児のママ（30代／人事総務部）

コッソリお菓子を食べていると、
なぜか必ず娘にバレてしまう……不思議！

2014年8月に娘誕生！
保活をなんとか乗り越え9か月で職場復帰しました！
色々想像はしてたけど
実際ワーママになってみると予想以上に壮絶な日々…！
というわけで突然ですがワーママになって実感したことベスト5
うおおお
いってみよう！
シャア
アァ
アァ…

第5位　朝の慌ただしさが半端じゃない！

第４位 寝かしつけからの帰還は無理！

18時
ピロリン
給湯温度を変更します
給湯温度を
給湯温度を
ピロリン
ピロリン
ピロリン
あ～～ そのボタン 押さないで～～！
19時
なぜ納豆を髪に揉みこんでしまうの～!?
あ！
20時半
はぁ… 今日も一日お疲れ私…
寝かしつけが終わればやっと自分の時間…！
自分の…
時間……
スヤ。。
～ワーママの一日・完～

第3位　平日は「家中ぐちゃぐちゃ」がデフォルト！

第2位　土日は休みではない！

第1位　なんか、いろいろタフになる！

いえ〜い
何一つ思いどおりに
なんかならないけど
まいっか！
手抜き？ いやいや
効率化です！
少しくらい
ホコリがあっても
人は死なない！
共存
わたし
ホコリさん
夫に振れる家事は
振って薄目で見守る！
忙しいなかで
私は充分頑張ってる！
偉い！と
自分をほめる！
ERAI
こうして私も
ワーママとして
一皮むけたのでした
お着替え！
ゴロ
ゴロ
ゴロ

ピジョン社員が

本気でオススメする自社商品

vol.3 隠れ名品編

知る人ぞ知る！　実は社員にもヘビーユーザーが多い、隠れ実力派をご紹介！

フィルベビー ベビーミルクローション

●少し高いですが、肌が抜群に潤う！ 出産祝いとしても喜ばれました。（KNさん／1児のパパ）●娘の肌がめちゃきれいとほめられます。少々お高いけど、結局これが一番です。（NJさん／1児のママ）

ステール（オムツ処理ポット）

●使用したオムツを簡単に捨てられ、中の袋の交換も簡単！ とても便利でした。替えカセットも不要で経済的です。（JH さん／1児のパパ）●部屋に使用済みオムツの香りがしなくなるため、快適！（AY さん／2児のパパ）

おしりナップ ふわふわ厚手仕上げ ベビーオイルイン

●ウンチ汚れがさっと取れて時短になる、ほかのものには代えられません！（YA さん／2児のママ）●乳液タイプなので、こすらずに使える。肌荒れしやすい子にも負担がなく、助かる。（NT さん／1児のママ）

＼ピジョン社員が育児中に考えた／

こんな商品あったらいいな！

眠りの深度がわかる抱っこ紐

抱っこ紐で寝かせた子どもを布団に移すのは至難のワザ。睡眠の深度を測るセンサーのついた抱っこ紐があれば、布団に移す絶好のタイミングがわかり、親も休めてよいのではないかと思いました。

（KF さん／3児のパパ／品質管理部）

Chapter
4

違うことだらけ!?
海外の出産&育児事情

Pigeon's Report 23

アメリカ

アメリカのスパルタベビークラス

◎SYさん ◎1児のパパ（40代／海外部）

出産は難産でしたが、その後すくすく育っています。ずっと仲良しです。

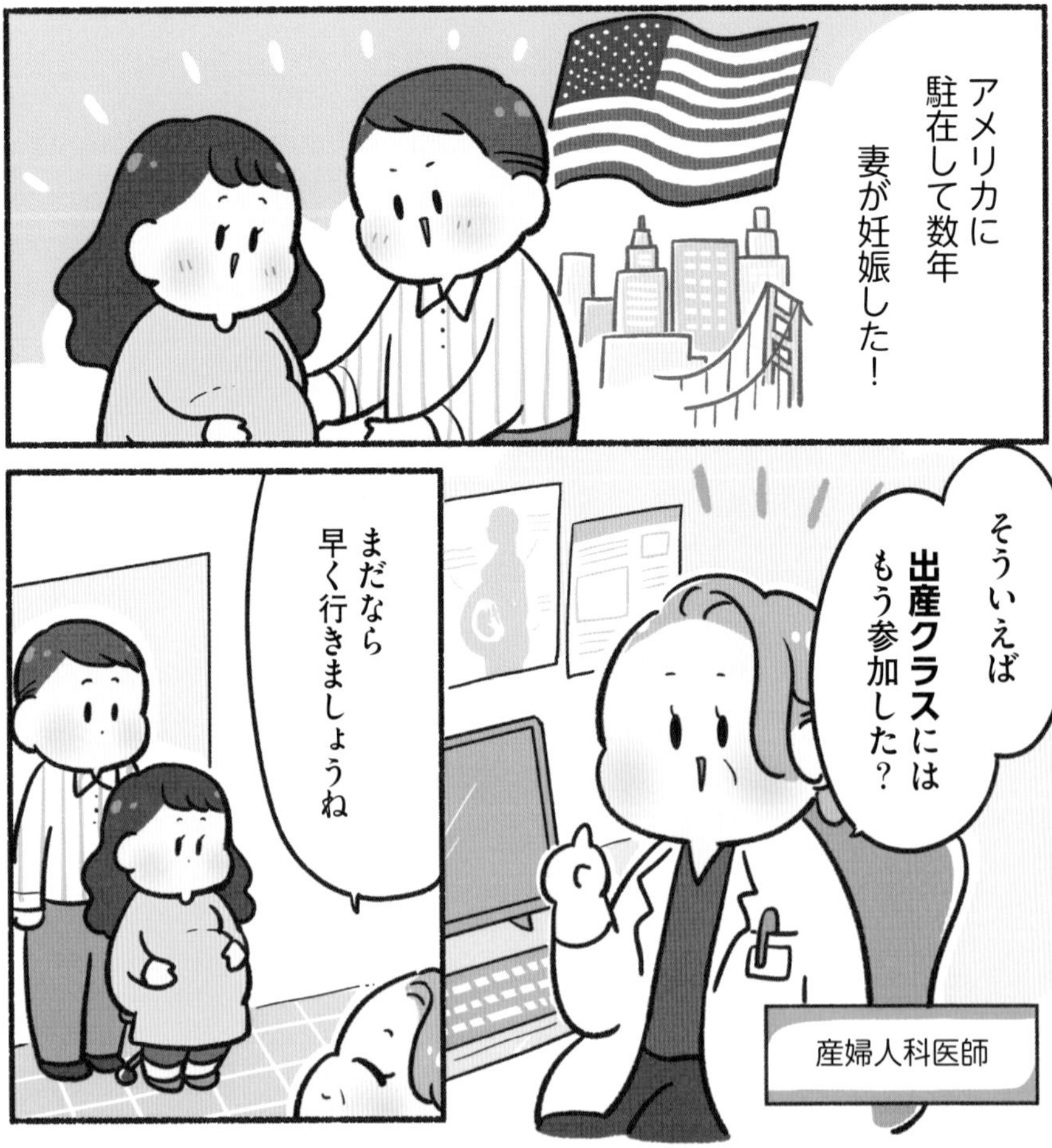

アメリカに駐在して数年 妻が妊娠した！
そういえば出産クラスにはもう参加した？
まだなら早く行きましょうね
産婦人科医師

出産・育児クラスって
夫も参加する
ものなのか？
まぁ
行ってみるか…！
Baby care class
ガチャ
わぁ
みんな夫婦で
来てる！
ざわ
ざわ
ざわ
このクラスでは
オムツ替えや入浴
おくるみの
巻き方などを習った
Baby care class

もう少し強く巻いて大丈夫ですよ
は はい！
妊婦ではなく夫に集中的に指導してくれるんだな
Good Job!
…そういうわけでとても勉強になりました！
それはよかった！
でもまだ準備が足りないと思うの！
どーん!!
えっ

出産は
夫婦の共同作業です
Child birth class
(出産クラス)
旦那さんは今日の内容を
よく心に刻んで
奥さんを
サポートしてくださいね
前回のは
1回のみだったが
今回は
3回コース…
こっちにも
行って
きなさい
は、
ハイ!
Child birth class
どんな内容
なんだろう
どき
どき
どき
くわっ!!
では
始めるわよ!
そこからは
まさにスパルタ!
内容は例えば…
臨月に近づくにつれて
胎児の位置や
妊婦の体
精神的・肉体的負担が
どう変わるか
それを和らげるために
夫はどんな
協力ができるか

陣痛間隔が どの段階になったら 産婦人科に電話し 病院へ行くか
無痛分娩と 帝王切開に関する知識
麻酔の方法
術後の経過 など
陣痛から出産までの詳細 ラマーズ法の練習
学ぶことが 多すぎる…！
うおぉ　おおぉ
しかし これが出産…！
これが… 親になると いうこと…！

どう？
参加して
よかったでしょう？
はい！ 本当に
よかったです！
こうしてアメリカ式の
出産・育児クラスで
夫婦の共同作業について
たたき込まれた私は
出産・育児に向けて
一気にモチベーションが
高まったのだった
後日――……
かわい～っ
元気な女の子が
生まれました!!

Pigeon's Report 24 アメリカ・シンガポール・日本

海外出産を経て思うこと

3つの国の出産事情比較

◎KMさん

◎3児のパパ（30代／商品開発部）

家ではもっぱら外遊びとウンチオムツ替え担当！
最近好きなことは早朝サーフィン。

アメリカで1人目、シンガポールで2人目が誕生

第1子となる長男は、当時私が赴任していたアメリカで生まれた。家族や親族もおらず、言葉の壁もある異国の地で頑張ってくれた妻には、心から感謝している。出産にも立ち会い、小さなわが子を抱きかかえたときは、「本当にかわいい」と心の底から思った。子育ては大変なこともたくさんあるが、子どもは本当に大きな喜びをもたらしてくれる存在だ。

いつかこの子にも思春期がきて、鋭い眼光で睨まれる日もくるのだろう。そう思うと少しツラいが、まだまだ幼いわが子をしっかり見守り、子とともに成長していきたいと思う。

それから2年後、体重4kg超の大きな女の子が誕生。今度はシンガポールで、である。妊娠後期にアメリカから引っ越し、慣れない土地で

の不便な妊婦生活を乗り越え、無事、元気な長女を産んでくれた妻には、またしてもとても感謝。本当によく頑張ってくれた。ありがとう。

大きく生まれた長女は、泣き声も笑い声も大きく、1歳を過ぎた頃にはすっかり態度まで大きくなった。あれこれ要求され、要求が満たされないと泣きわめき、バシバシとたたかれる。こんな娘だが、かわいくてかわいくて仕方ない。

3人目を初めて日本で出産 日本は〝こうあるべき〟が強い!?

さて、こんなにぎやかなわが家に、第3子となる次男がやってきた。今回は初めて日本での出産となった。長男も長女も無痛分娩で産んだので、今回も無痛分娩を選んだ。出産時の母体への負担軽減、産後の早期回復の点から、日本でももっと無痛分娩が普及してほしいと思う。

また、日本での出産を初めて体験し、感じたことは、日本の産院（医師や助産師）は、平均値に忠実であろうとする傾向が強いということだ。体重・身長・頭囲など、平均的な成長曲線があることはもちろん認識しているが、赤ちゃんそれぞれに異なる数値を平均に近づけようとする意識が、日本では特に強く感じられた。

それは、新生児をケアし、命を守るうえで重要なことなのかもしれないが、何度もそれに言及されると、不安にさいなまれる親も多いのではないだろうか。産院側の事情も理解できるが、もう少しおおらかな態度でいてほしいと感じたりもした。すべての産院がそうだとは思わないが、こうした側面が〝育児のあるべき論〟を助長させる一因となっているのかもしれない。

ピジョンの新ブランドプロミスである「赤ちゃん一人ひとりが生まれ持った輝きを育む」がより社会に浸透していけば、このような風潮を変えていけるのではないか、とも感じている。

Pigeon's Report 25

タイ

アメージング出産 in タイランド

◎NEさん ◎1児のパパ（30代／海外部）

2007年からバンコク在住。
初めての海外生活と子育てに奮闘中。

予定日に合わせて来てもらっていた母ズの帰国日を目前にしてわれわれは焦っていた…
まだか…!?
まだか‥
まぁ 今日 病院の日だから 先生に診てもらえば 何かわかるかも…
うん…
HOSPITAL
けっこう育ってきましたね～ そろそろ出しちゃおっか
さらっ
今から入院で!
えっ そんな軽い感じ!?

夜10時に
陣痛促進剤を投与
翌朝
いよいよ私たちの
出産が始まった…！
子宮口が
全開になったら
いきみますよ
はい
カメラ担当
ドキ
ドキ
なかなか
生まれない
ものだな…
はあ
はあ
ガチャ
ん？
ぞろ
ぞろ
!?

なぜ
このタイミングで
退室…!?
うーん
うーん
!!
まさかの
昼休憩!?
12時だよ!
休もうね!
そういえば
さっき受付に
お弁当
届いていたな!?
なんという
自由さとおおらかさ…
これぞ
アメージング タイランド!
んご〜〜っ
あっ

このタイミングで大波が!!
ふぬうううう
ほらパパさん手伝って!
唯一残っていた助産師さん←
う〜んう〜ん
え…オレ!?
早く! そう 体支えて背中押して!
ブブブブブブ
はは はい!
一緒に呼吸!
ふー
ふー
間近で手伝っているからこそ見える景色
ふー
いいよ! その調子!
ほら 頭見えてきたよ
夫婦の共同作業!

あとちょっとね！一気に取り上げるわよ～
バァーン
休憩終わりの助産師さんズ！
満腹で元気いっぱいだ!!
いきんで～！
もうすぐだよ
なんという一体感…
これが……
ほにゃああああ
これが出産！
ありがとう…よく頑張った…
本当にありがとう…
はい パパさん へその緒切って
おオレ～～!?

Pigeon's Report 26

中国

赤ちゃん大好き！な中国

周囲の誰もが、赤ちゃんに大きな関心

◎RYさん
◎2児のパパ（30代／海外部）

社歴の半分以上を中国上海市で駐在。
育児は妻に任せっ切りのダメなパパ……。

東日本大震災を経て赴任先の上海に家族も引っ越し

　第2子となる次男の誕生を目前に控えた頃から、私は上海に赴任していた。海外赴任中の私が子どもたちの成長をじかに見られるのは、日本に一時帰国したときだけ。生まれたばかりの次男は帰国のたびに大きくなっていて驚いたが、次男が生後4か月のときの帰国では、長男の成長も感じることに。上海に戻るとき長男に泣かれないよう、事前に何度も「パパまた来るよ」と伝え、そのときは寂しそうな様子も見せなかったのだが、いざ別れ際になると「僕はいつも我慢しているよ」と言って大泣き。やはり、ずっと耐えていたのか、とつらくなった。

　そんなこんながありながら、家族が日本から上海に越してくることに。このとき、長男4歳、次男が1歳直前。妻は元々引っ越しに不安を感

じていた。だが、折しも日本を東日本大震災という未曾有の大災害が襲った。夫もそばにいず、自分と子どもたちだけという生活に大きな不安を覚え、世界中どこを見渡しても平和な場所などない、と覚悟が決まったようだ。

生活環境がガラリと変われば、もちろん大変なことも多い。でも、何といっても家族4人で一緒に暮らせる。その意義がとても大きかった。

子どもと見れば誰もが声をかけときには勝手にあやしてくれる上海

上海に家族が来て気づいたことがある。上海に暮らす中国人は、老若男女問わず、赤ちゃんへの意識がものすごく高い。どのくらい高いかというと、次男と30分以上一緒に外出して誰かに声をかけられない日はまずない。一人っ子政策の影響だけではないだろう。

タクシーの運転手だろうと、街ゆく赤の他人だろうと、必ず声をかけてあやしてくれるどころか、ウェイトレスに至っては、勝手に抱っこしてどこかへ消えてしまう。どこかといっても、厨房や同僚のいるところなどだ。最初は心配でついていったりしていたが、最近ではその間に自分たちの食事を済ませるケースも多く、大いに助かっている。次男も、厨房で果物などをもらって帰ってくる始末。赤ちゃんが人見知りしないというのは、親子ともども得も多いようだ。

あやしてくれている人たちの笑顔を見ていると、こちらもうれしくなってしまう。こういうところ、中国の人たちは本当に素敵だと思う。

また、次男を薄着や裸足で外出させたときは、道ゆく人からイエローカードの嵐だった。中国では赤ちゃんの薄着はご法度だからだ。中国に赴任した先輩パパのOさんからも同様のエピソードを聞いていたが、自分もうっかりやってしまい、話どおりだと納得した。

上海市古北地区の新虹橋中心花園にて、ピクニック中

上海市外灘（バンド）エリアにて、家族でお散歩中

そして、子どもと一緒に公園に行くと、中国人の親は果敢に自分の子どもを、長男や次男と遊ばせようとしてくる。以前、上海の男性から「一人っ子政策のおかげで、一人で遊ぶわが子をかわいそうに思う親が多い」と聞いたことがある。そうした事情も関係しているのだろう。

中国では共働き家庭が多い。特に上海は、妻の立場が非常に強い傾向があり、夫は料理や洗濯、掃除ができなければよき伴侶を得られないという過酷な環境。そのため、公園で子連れの父親を目にすることもそれなりにある。休日に母親が友達と遊びに行き、父親が子どもの面倒を見るというケースもあるのだろう。

ところ変われば、子育て環境も随分と変わるものだと実感することばかりだ。こうした環境の違いを目の当たりにし、逆に子育て世帯の普遍的ニーズが見えた部分もあるように思う。今後の商品開発のヒントにしていきたい。

Pigeon's Report 27

中国

妊娠・出産にもお国柄!?

こんなに違う！ 日本と中国の風習と常識

◎YDさん
◎1児のママ（30代／広報部）
中国の東北出身で、2005年に日本へ留学。
大学卒業後ピジョンに入社。母業勉強中。

妊娠中、体重管理が厳しい日本と食べて栄養をとろうと言われる中国

長女を産み、現在私は日々好奇心をもって育児ライフを満喫している。ただ、私は中国人であり、妊娠・出産に際しては、日本と中国の風習や常識の違いに翻弄され、自分の親との葛藤にも苦しんだ。

まず、妊娠期。日本では病院から、母親の体重管理が厳しくなされる。妊娠前と比べ、プラス10kg以内に抑えるよう指導される。毎回、健診前に緊張する妊婦さんもいるようだ。

一方、中国では、病院から体重を管理されることはない。お腹の赤ちゃんに栄養を届けるために、とにかく一生懸命食べなさいと家族から強要されるのが常だ。だいたい20kgくらい体重が増える人が多く、産後のダイエットが大変。

私の場合、つわりがひどくて体重はなかなか

増えず、中国の家族にかなり心配された。出産1か月前に母親が日本に来てくれ、一気に4kg増えた。近年では、中国においても、母体の体重管理の重要性について若い世代のママたちに認識されつつある。赤ちゃんが大きくなりすぎると自然分娩できなくなり、帝王切開が必要になるので、母体の回復にもよくないという理解が進み始めている。

産後は通常生活となる日本と体を休めるよう言われる中国

さて、産後の風習や常識も、日・中では大きく異なる。日本では特に制限等はなく、基本的には概ね普通の生活に戻る。

ところが中国では、とにかく母体を休めなければならず、禁止事項も多い。例えば、風に当たること、冷水シャワー、携帯を見ること、硬い靴などはすべてNG。退院時は、風に当たらないよう、赤ちゃんと母親が布団で包まれるほどだ。

そのため、入院中に家族がいる間は部屋の窓も開けられず、暑くてたまらなかった。家族が帰ったあと、すぐに窓を開けたりエアコンをつけたりした。また、中国では産後、冷たい水を飲むのはNGなのだが、夜中の授乳後に、日本人のママが冷たい水を飲んでいる姿を見て「大丈夫」と思い、私も飲んでスッキリした。なぜだか、産後は体が暑くて仕方なかったのだ。

私自身が出産を経験して感じたのは、どちらがいい悪いではなく、とにかく産後は母親がストレスなく休めることが必須であり、母親に合うスタイルが一番だということ。

祖父母に子どもの面倒を見てもらうことも、体を休める手段の一つではあるけれど、お互いに適度な距離は必要だと思う。母親学級ならぬ祖父母学級などがあれば、今の若い世代のママたちとの溝が少し埋められるのかもしれない。

娘のスキンケアは念入りに「ベビー全身泡ソープ」が大のお気に入り

日本でも中国でも、スキンケアに対する母親の関心は高い。日本では、無着色・無香料のものが好まれるが、中国では割と、爽快感や清潔な印象から、香りつきのものが好まれる。ただ、最近の母親は意識が高くなっており、少し違うかもしれない。私の大のお気に入りは「ベビー全身泡ソープ」。ふわふわ感がよく、潤う感じがする。

こうして自ら使って実感したよさを、自信をもって発信していきたいと思う。

↑「ベビー全身泡ソープ」は娘とのお風呂の強い味方。子どもを見ながらでも使いやすい形状もお気に入り

こちらのベビーソープをデザインした

プロダクトデザイナー秋田道夫さんのツイートが話題に!

← ツイート

秋田道夫 Michio Akita

ピジョンのベビーソープです。社内スタッフの方達と作ったものです。赤ちゃんのダミー人形を抱いてお母さんがお風呂場でどう使っているのかをわたしも経験しました。左手で抱えながら右手だけで持ち歩き使う、その時に「使いやすい事」を考量してポンプのヘッドを大きく柔らかくしました。

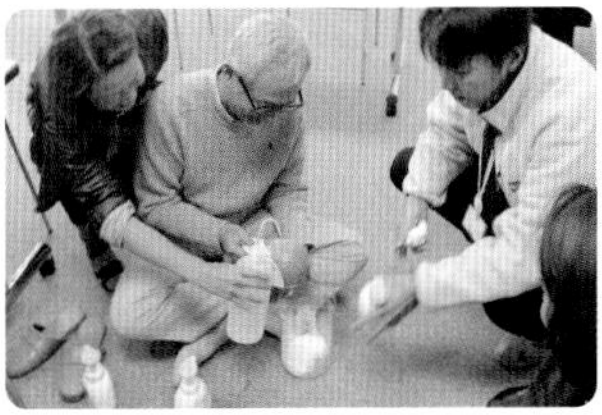

実体験を通し、使う人に優しいカタチに

この製品をデザインする際、どんな使われ方をするのか社員の方に伺ったところ、「赤ちゃんを抱きながらポンプを押したり、ポンプの下に指を入れて持ち運んだりするんです」というお話がありました。私も同じ体験をしてみたくなり、人形で体験させていただいたところ、想像以上に大変だとわかったんです。そこで、ポンプの部分を押しやすい大きな形状にし、運ぶ際にも指が痛くならないよう丸くしました。この製品の大きな特色は、胎脂の組成に近い保湿成分を使った、赤ちゃんに優しいボディソープだということでした。そこから、妊婦さんの横姿を想起させながらも、倒れにくく使いやすい製品が誕生したと思っています。

秋田道夫さん

ピジョン社員が

本気でオススメする自社商品

vol.4
不動の人気編

社員からも絶大な人気、ピジョンの代表格にしてロングセラー商品をご紹介！

母乳実感 哺乳びん

●吸いつきが断然違った。（TNさん／3児のパパ）●乳首が切れて直接の授乳が本当にツラかったときなど、助かった。父・母・夫みんなが授乳できるので完全母乳でも必要なアイテムだと思う。（EAさん／2児のママ）

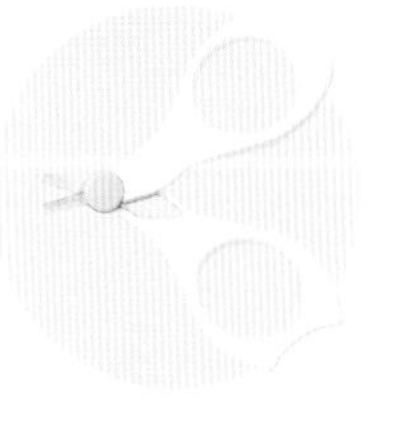

新生児つめきりハサミ

●新生児にピッタリの爪切り。深爪しにくく、失敗しにくい。（STさん／4児のパパ）●切りやすいしお手頃価格！（MOさん／1児のママ）●息子が小４と小１になりましたが、いまだに使っています。（TUさん／2児のママ）

ベビー全身泡ソープ

●洗髪時に使っても目が痛くならないようで、子どもが４歳になる頃まで愛用していました。（TAさん／1児のパパ）●片手で泡を出せるのがいい！ 新生児から使え、泡切れもよいので助かります。（NTさん／1児のママ）

＼ピジョン社員が育児中に考えた／

こんな商品あったらいいな！

さく乳が楽しくなるグッズ

3、4時間おき、かつ準備から片づけまで30分程度かかるさく乳を、少しでもラクにしたい！ フリーザーバッグ一体型なら洗い物が減り、睡眠時間も確保でき、心の負担も減ると思います！

（KMさん／2児のママ／商品開発部）

Chapter

5

ピジョン社員のアレコレ思い切って大公開!

「ピジョン育児レポート」誕生秘話

「育児レポート」が生まれた経緯や、子育てに関するピジョン特有の制度などについて、人事部の若山さんと渡辺さんに聞いてきました！

「男性育休取得率ゼロ」からのスタート

――本書の元にもなった「育児レポート」が生まれた背景は？

渡辺　2005年に次世代法※1が施行され、「くるみんマーク」※2も発足しました。育児用品メーカーのピジョンとしては当然取得したいと考えていたのですが、認定基準を見ていったら、満たせていないということがわかりました。

若山　当時はまだ、どちらかというと女性が働きやすい企業という状況で、男性の育休取得者は、実はゼロだったんです。それで、これを機に、社員一人ひとりが子育てに対するメッセージを社会に発信できる社内風土を築いていこう、ということになりました。育児レポートも、その一環で生まれたものです。

――このときにできた制度は？

若山　ピジョンには元々かなり充実した育休制度がありましたが、ここで、男性の取得を視野に入れた「ひとつきいっしょ」という1か月間の育休や、出産祝いとしてピジョン製品を贈る制度などができました。

渡辺　どの制度も「育児を語れる社員の育成」を目的にしたものですが、育児レポートは、せっかくの育児体験を社員と共有して仕事にも生かし、きちんと会社の財産として残していこう、と考えたことが誕生の理由です。

「取得率100％」までの道のり

――制度を実施するにあたり、工夫した点は？

若山　制度だけあって利用者がいない、といった状況になってしまうと意味がないので、利用者だけではなく、全社員を巻き込んだ取

※1　次世代育成支援対策推進法。少子化対策の一環として、仕事と育児の両立や、男性を含めた働き方の見直しなどを企業に働きかけるための法律。

取材に答える人事部シニアマネージャーの若山直樹さんと、人事労務グループマネージャーの渡辺雪香さん

本書の元となった16年分の育児レポート

り組みをして、制度に親しみをもってもらおうと考えました。そこで、「1か月の育休」については、社員から名前を募集したんです。たくさんの応募があり、その中から「ひとつきいっしょ」という名前が選ばれました。

渡辺　ただ、この制度、今でこそパパ社員の取得率100％なのですが、2014年頃までは30％前後で推移していました。何とか取得率を上げていきたいと試行錯誤し、考えた結果「取得できない場合は、その理由を所属長が社長へ直接報告する」というルールを導入しました。すると、それ以降、突然100％にアップしたんです。

若山　ここでガラッと変わりました。今では子どもができたと言うと、いつ休暇を取るのか、引き継ぎはどうするのか、という話がごく自然な流れとして出てくるようになっています。

渡辺　元々は「何となく取れない」と多くの社員が思っていたわけですが、やってみたらできたということで、休むのが当然という気運ができました。やはり制度の浸透には、意識や風土が大きな影響を及ぼすのだと実感しました。

若山　制度が浸透し、男性が子どもにまつわる早退や休暇を取ることに対する理解も進むなど、よい変化がたくさんありました。でも、仕事との両立は、まだまだ女性主体なのが現状です。男性が育児を当たり前に行う社会の実現を、われわれが先駆けとなってやっていけたらと考えています。

※2　子育て支援など、一定の基準を満たした企業が、厚生労働省により認定されたときに取得できるマーク。

育休中、実はこんなことで

Mama's Voice

ママの声

子どもが寝ない！ とにかく寝ない！ なぜにそんなに寝ないのか!?

抱っこしていないと寝ない。寝かしつけのために1～2時間の抱っこは当たり前。夜中も2時間おきに起きてしまうので毎日寝不足で、記憶も曖昧だった……。

EAさん（2児のママ）ほか多数

夫にイライラする。やることなすことすべてに腹が……

夫に赤ちゃんを預けて外出し、帰宅したら、大泣きする赤ちゃんを床に置いたまま放置していて絶句！「どうせ何やっても泣きやまないから」とな!? 無神経ぶりに怒り心頭！

TUさん（2児のママ）ほか多数

赤ちゃんと二人きりでずっと家にいると、社会的な孤立を感じる

ちょうどコロナ禍だったこともあり、ずっと家にいたため、社会や世間から取り残されたような気持ちに。不安や心配、孤独感が募り、イライラすることも多かった。

YTさん（1児のママ）

家事や育児が回らない。とにかく時間がない（泣）

オムツ替えや授乳以外の時間に家事をしたり、一息ついたりしようと思っていたが、ほぼ無理！ 常にお世話に追われ、時間を有効に活用できないのがツラい。

STさん（1児のママ）ほか多数

実際の赤ちゃんを見たらとてもか弱そうでヒヤヒヤ

一番大変だったのは、数回きりの両親学級や母親学級、あとは自分たちで事前に調べたことだけで実際の育児が始まること。簡単に死なせてしまいそうでヒヤヒヤした。

MOさん（1児のママ）

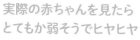

困ってました！

「赤ちゃんのかわいさで、大変なこと全部吹き飛ぶ!?」いやいや、それはそうだけど、この心の叫びを聞いてほしい、聞いてほしいのです！

Papa's Voice

パパの声

動きたいけど、どう動いたらいいかわからない

１か月の育休を取得するも、最初の１週間はどこで何をすればいいのかわからず、定年後に肩身の狭いお父さんってこんな感じ？　ということを実感した。

NWさん（3児のパパ・第1子のとき）

昼間「パパ&子ども」で外を歩いていると失業中だと思われる

民間企業の社員が１か月も育休を取ることに対し、周囲から驚かれた。それ以前に、平日にしょっちゅう公園へ子どもを連れて行っていたら、失業しているのではと思われた。　HKさん（2児のパパ）ほか多数

育休中だからと全部やってみたら単にめちゃくちゃ大変だった!!

食事の献立を考える、買い物、料理、片づけ、予防接種（スケジュール確認、予約、必要書類の準備、受診）、授乳、オムツ替え、着替えなど、全部やるとこんなに大変だとは！　KTさん（2児のパパ）

子どもが寝ない！　妻に代わり寝かしつけるも大変すぎ

妻が寝かしつけに毎晩苦戦。そこで、大泣きする子どもと自分が寝室で二人きりになり、抱っこしてぐるぐる歩き回って寝かしつけ。背中スイッチで起きたら「はじめに戻る」！　JHさん（1児のパパ）ほか多数

「ママ以外イヤ！」役に立てない自分が不甲斐ない

妻の夜中の授乳が大変そう。でも子どもはママ以外拒絶。自分にもおっぱいがあれば！

SOさん（1児のパパ）

自分が保育園の送迎の日は、子どもが大泣きして困った。　MKさん（2児のパパ）

困り事、こんな工夫で

ママの声

Mama's Voice

寝ないなら、寝かせてみようホトトギス（あの手この手の寝かしつけ大作戦）

縦抱きスクワットに疲れ「バランスボールがいい！」との情報を試してみたらバッチリ！

KMさん（2児のママ）

背中スイッチに悩まされ、腕くらいの太さのクッションを作った（低反発ウレタン入り）。

IGさん（2児のママ）

頼れるものは何でも頼る！話はそれからだ

自治体の子育てサポートなどを活用し、お手伝いを依頼。子どもを見てもらっている間に家事や離乳食作りなどができて助かった。

NJさん（1児のママ）

一人でやらない。とにかく周りを頼る。

KYさん（2児のママ）

“おっぱい”がなくても“授乳”はできる！

「母乳は母にしか出ないが、ミルクは誰でも作れる！」と夫に訴え、赤ちゃんが泣き始めたらたたき起こして、私が母乳を与えている間に調乳してもらった（完全母乳なら難しいかもしれないが）。また寝かしつけの際に「おっぱいがあれば寝るのかも！」と、夫の胸にバスタオルを巻き、偽おっぱいを作った（最初の数回は成功！）。

MFさん（2児のママ）

「家事は後回し！」で自分も赤ちゃんと休む

家事は後回しにして赤ちゃんと一緒に休むなど、あまりやることに追われず、育児に専念するよう意識した。家にいて孤立感を感じたら、育休は期限のあること、復職まで子どもとの生活を楽しもうと気持ちを切り替えた。

STさん（1児のママ）

乗り切りました！

悩み、疲れ果てながらも、難局を乗り越えるために、パパやママたちが編み出した工夫や知恵の数々。悲喜こもごもがにじみます。

「寝かしつけ」というあくなき闘いの戦友たれ

抱っこ状態で寝かしつけてもベッドに置くと起きるので、抱っこのまま自分も寝る！

JFさん（2児のパパ）

反町隆史の「POISON」を聴かせると、なぜか子どもが落ち着くため、延々と聴かせ続けた。

DNさん（2児のパパ）

昼間の子連れを怪しまれたらどんどん「育休中」と伝える！

公園や保育園の送迎などで、周囲の人に不審がられたら、こちらから積極的に声をかけ、育休中の身であることを話すべし。結果として「○○くんのパパ」などと呼ばれるようになり、顔見知りにもなれる。

HKさん（2児のパパ）

パパの声

Papa's Voice

育休、取りましょう！世のパパさんたち！

番外編

子どもは4人授かったが、妻から「夫（私）の帰宅が遅く、日々のワンオペは本当にツラかった」と今でも言われ続けている。「ひとつきいっしょ」の制度化前、自分はそれが当たり前だと考えていた（反省）。育休取りましょう！

TNさん（4児のパパ）

家事育児は分担し、妻だけの時間を設ける

家事や育児などの分担は、子育て期はもちろんのこと、共働き夫婦において当然すべきこと。夫婦円満の大きな秘訣、一つのテクニックだと感じた。特に、妻だけの時間（余暇）を設けることが大事！

HOさん（2児のパパ）

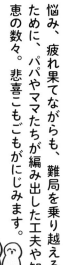

＼社内結婚夫婦に聞く！／

子育て社員が使える「ひとつきいっしょ」取ってみてこんなところがよかった！

答えてくれた
社内結婚の夫婦

夫：YKさん（K）
2007年入社（40代）
経営戦略本部

妻：TYさん（Y）
2005年入社（30代）
お客様コミュニケーション本部

子どもは長男（10歳）、次男（8歳）、長女（3歳）の3人

「ひとつきいっしょ」に過ごすと子育てのリアルが実感できる

――「ひとつきいっしょ」を取ったのはお子さんが何歳の頃ですか？

K　うち、子どもが3人いるので計3回取ってるんですが、だいたいみんな1歳前後の頃ですね。

Y　長男のときは私が復職してたから、ほぼ二人で過ごしてもらった感じだよね。次男と長女のときは私も育休中だったので、家族全員で一緒に過ごしました。

――取ってよかった点は？

K　まず、1か月一緒にいたので、子どもがすごく懐きましたね。

Y　長男のときは、ちょうど夫が海外に行っていたりして全く会えない期間もあったので、「ひとつき」でぐっと関係が深まったと思う。元々、家事育児能力は高めの人なんだけど、二人きりで過ごしたことで、育休が終わってからも、子どものお父さんへの信頼度が上がったなと。

K　あとは育休後も、例えば子どもが熱出したけど妻は仕事休めないってときに、「じゃあ僕が家で面倒見るよ」ってすぐ言えたり。

Y　「ひとつき」取れば、想定外のことそこそこ起こるからね。日々発生するトラブルに慣れる。それは心強いし、ありがたいですよね。

K　あと立場上、部下の方がいて、どんどん子どもが生まれていくので、彼らの大変さもわかる。それもよかったなと。子育てって、思ったとおりにいかないことなんていくらでもあるじゃないですか。

Y　仕事よりも想定外ばかりが起きる感じだもんね（笑）。

子どもと接することだけが「育児」じゃない

——育休を取得して、得た気づきなどはありましたか？

K　「育休」っていうけど、結局それは育児じゃないこともする期間なんですよね。子どもに関わってる時間だけが育児じゃなくて、周辺作業がたくさんある。

Y　つまり家事とかだよね。

K　そう。家事も生きていくために必要な作業で、それも、子どもと関わってなくても育児だよねと。

Y　おしっこ漏らせば洗濯だし、予期しないタイミングで小腹空いたりするし。日々の家事に加えて、同時多発的なのを捌くみたいなね。

K　自分が子どもに向き合うには、意外と周りでいろんなことをしてからじゃないとダメで。離乳食あげてって言われて、ご飯をもらって与えるのは簡単だけど、これ誰が作るの？　食べ終わったお皿、誰が洗うの？　そういうことも見えてくる。

Y　見えない家事があるもんね。

K　そう考えると、子どもの面倒だけ上手に見れても育児してるとは言えないなと。でもそれは、「ひとつき」を取ったからかもしれませんね。だから僕も、偉そうに言える立場じゃないけど、そこまでできて育児だよってことも、部署の後輩男子たちに伝えたいかな。

——育児を通して、相手に惚れ直したところはありますか？

K　いろんなことがあっても何とかできるようやりくりしてくれるタフさというか。大変なこともあったけど、この奥さんじゃないとできなかったかなと。

Y　言わされてない（笑）？　でもほんと、分担を決めなくても阿吽《あうん》の呼吸で何でもこなしてくれる。ちょっと話すだけで、子どもの情報共有もできる。そういうところは、本当にありがたいと思っています。

ぶっちゃけ座談会

KMさん（M）
2007年入社（30代）
購買・品質管理本部
子どもは長男（9歳）、次男（5歳）の2人

NHさん（H）
2007年入社（40代）
開発本部
子どもは長男（2歳）が1人

Discussion members

NTさん（T）
2014年入社（30代）
開発本部
子どもは長男（2歳）が1人

KKさん（K）
1994年入社（50代）
お客様コミュニケーション本部
子どもは長男（8歳）が1人

もう、決壊寸前なんです！ 子ども2歳までに多くが「離婚危機」!?

——これまでの育児で大変だったことは？

M うちは、平日ほぼワンオペなんです。

T うちも平日はそうですね。

H ワンオペ！ それはキツいですね。うちはだいたい半々くらいかな。

M 1人目が全然寝ない子だったこともあって、子どもが生まれてからぐっすり眠れたことがない。2人目が生まれたら生まれたで、関わり方どうしようとか、常に何か考えてる。常に疲れてるし、常に困ってるみたいな。

K ワンオペ……大丈夫？ いや、私、子どもが2歳のときに一度壊れちゃったことがあって。夫は元々、家事にどんなものがあるのかもわからない、という人だったの。で、育休中は私が全部やっていたわけだけど、子どもが1歳になって復職したら、当然家の中が回らない。

T そりゃそうですよねえ。

＼ピジョンママ社員 大いに語る！／ 育児何でも

K　それでも何とかやってたんだけど、2歳のイヤイヤ期のときに疲れ切って爆発しちゃって。ある日の保育園帰りに子どもと二人、道端で座って大泣きしちゃって。下町だったから周りから人が出てきて「大丈夫？　どうした？」って。その日は何とか帰れたんだけどね。だから、ワンオペって聞いて心配になっちゃって。

M　全部を完璧になんてこなせてないですよ。

K　お風呂とか、冬ゆっくり入れないよね。

M　入れない。寒い。あったまっても、出て着替えさせたりとかしたら、もう寒い。

H　Kさんは、今はどんな感じですか？

K　道端で泣いた話を夫にしたら、さすがにこれはまずいと思ったみたいで。何があるかというところから教えてほしいというので、買い物に行くには、みたいなところから教えていったの。で、彼はカレンダーを作って「ゴミ出せました」「お風呂掃除できました」とシールを貼って、彼なりに一生懸命努力してくれたの。そうこうしてるうちに、私が管理職になって、それからはもう半々。ことによっては、夫のほうがたくさんやってくれているかも。

T　ご主人、ものすごく成長されて……。

K　今やすごく頼りにしていますが、そのときは、話が通じなかったら離婚も辞さない、みたいな覚悟で臨んだからね（笑）。

T　私も、子どもが2歳になって少しラクになったんですが、1歳半までがものすごく大変で。やっぱり壊れかけて夫に相談を。それで改善されていったけど、それまでは本気で離婚したいと思ってましたね。なんか、2歳までに一度は離婚したくなるって言いますよね。

全員　（笑）

――ワーママの日常に思うことは？

H　打ち合わせ一つでも、終了時刻までに終わらせるために段取りよく進めたり、時間の使い方はかなり変わったと思います。

T　「いつも走ってるね」って言われる（笑）。勤務先の研究所は最寄り駅からバス通勤で、バスから1本でも早い電車で帰りたくて……。

育児何でも
ぶっちゃけ
座談会

K なんかいつも追いつめられてるんだよね。私、子どもが2歳のイヤイヤ期で「靴下履かない」ブームのとき、「なんで履けないの！」ってすごく怒っちゃったことがあって。かわいそうなことしちゃったなと、ずっと負い目を感じてますね。靴下なんてどうせ保育園に行ったら脱ぐんだから履かなくたっていいのにね（笑）。きっと、ちょっとおかしくなっていたんだよね。

M 私も仕事でトラブルがあった日にすごく疲れて、帰りもかなりイライラしてて。上の子が何かしたときに、ほんの些細なことなのに、自分の怒りに任せてバーッと怒っちゃったことがあるんです。あとで冷静に考えたら、なんであんなに怒っちゃったんだろうって、すごく反省しましたね。よく言いますけど、寝顔を見てごめんねって気持ちになったりして。

お迎え要請の対応までしてホンモノ！
でも、男性のツラさもわかる

——現在の、男性の育児参加状況についてどう思いますか？

T 私の周囲はちょうど出産ラッシュで、この年代だと育児するパパも増えてきたとは思う。ただ、育児を滔々と語る男性に「じゃあ、結構分担とかしてるの？」って聞くと、保育園の送り迎え、一度もしたことなかったりとか。

H そういうところ、結構指標になるよね。会社でも「子どもを病院に連れて行くから今日午後帰ります」っていう男性社員の話を聞くと「すごい、ちゃんとやってる！」って。逆に「すぐに帰ってあげて！」って思うし。

T 好感度、上がりますよね。お迎え要請に対応している男性を見ると、「えー、頑張ってー。あとは任せて！」みたいな。なんか、男性で、自分の趣味を存分にやってから帰るという人もたまに見かけるのですが、女性陣は内心、その趣味の時間を家庭に回して！って思っていますよね。

H お迎え行ってください！ すべて終わってからやってください！って、思いますよね。

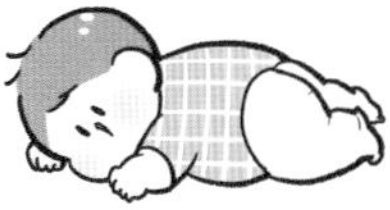

↑和気あいあいながら赤裸々トークが続々と。家事育児、仕事との両立など、充実しながらも切迫感のある、ママの日常が垣間見える座談会に

K　早く帰ってきてほしいですね。でもほんと、お迎え要請の対応もする男性が増えてきてるってすばらしいと思う。うちの夫の世代だと、「男なのに何を言っているの」みたいな考えが、まだ彼の友達や、周囲の人の頭にはあるだろうし。会社からも「奥さんがいるなら大丈夫でしょう」って言われたり。男の人も、板挟みでキツいんだと思うんですよね。

M　確かに、男の人のほうがキツいというのもありそう。うちも、週末は夫も家事育児してくれるから助かるんですけど、そうなると夫のほうが休む暇ないのかも、とは思う。

K　男性の平日の育児参加がもう少しやりやすくなると、子どもとも仲よくなれるし、いいのにね。少なくとも私の世代は変わるのは難しそう。でも、少しずつでもわれわれ世代が変わり、そういう変化が連鎖していけば、きっと変わっていきますよね。そうやって、若い世代にとって、より過ごしやすい未来になっていってくれたらよいなと思いますね。

本音はコレです！！

JFさん（F）
2009年入社（40代）
経営戦略本部
子どもは長女（9歳）、次女（6歳）の2人
＊妻もピジョン社員

TIさん（I）
2008年入社（30代）
経営戦略本部
子どもは長女（8歳）、長男（3歳）の2人
＊妻もピジョン社員

Discussion members

SOさん（O）
2019年入社（30代）
開発本部
子どもは長女（1歳）が1人

KTさん（T）
2012年入社（30代）
管理本部
子どもは長女（2歳）が1人

妻と比べて圧倒的に知識が足りない！ そのなかでどうふるまうか

——育休中、どんなことが大変でしたか？

T　僕が一番覚えているのは、妻が美容院で3時間くらい外出して、初めて子どもと二人きりになったとき。オムツ替えはできたけど、離乳食の味つけがわからなくて、子どもお腹空いて大泣きしちゃって。普段やったことないことだったから強烈なプレッシャーを感じましたね。

O　すごいわかる。留守番もそうだけど、僕、初めて一人で病院に連れて行ったとき、すごく緊張しちゃって。それが子どもにも伝わって大泣き。先生も困惑、みたいな。

I　僕は、イヤだと泣きじゃくる子どもを強引に保育園に連れて行くとか、泣き声を聞きながらもご飯を作らなきゃいけないとか、良心すり減らしながらやらなきゃいけないことが多いのが大変だなと。以前、妻に「あなたは子どものかわいいところしか見てない」と言われたこと

ピジョンパパ社員ここだけの話

僕たちの

があるんだけど、育休取ったらそれがどういうことかわかったというか。

――育児において抱えている悩みは？

F　僕さ、みんなに聞きたいんだけど、わかんないことを聞くのは、一番知ってる奥さんが一番いいんだけど、そうすると家庭のなかでの序列ができるというか。それが結局「指示待ち」姿勢につながるわけで。自分で考えなきゃいけないんだろうけどわからない。かといって聞きまくるのもなあ、みたいな悩みってなかった？

O　めちゃくちゃあります。ていうか、自分のやり方でちゃんとやりたい、自分ができるところを見せたいって気持ちもあったりするし。ただ、それが違ってると妻から不満が出たりするわけじゃないですか。

F　たいてい違うんだよね（笑）。

O　でも「僕はこういう気持ちでやったんだよ」と言い返すのもよくないと僕は学んだので、もう序列はあっていいと思ってて。

T　僕も、向こうのやり方に合わせます（笑）。

F　それはそれで「気に入らない」って言われることない？

T　合わせてても完璧にはできないから、怒られる。でももう、そういうものというか。

F　だよね。だから、もはや怒られる前提でいいやみたいないね。色々悩んだ挙句、ラクだからもうそれで、と思っているのに「そうじゃないでしょ、開拓するのもあんたの仕事でしょ」みたいな。結構スパルタなんです（笑）。

I　うちは、あんまりそれはないかも。割とすんなり妻に聞いて従っちゃうというか。

O　平和的な感じなんですね。

T　うちは、開拓しろとまでは言われないけど「なんで知らないの？」ってなることはよくあるかな。さりげなく「次、予防接種いつ？」とか聞くと、「なんで把握してないの？」って。

F　そういうの、ヘタに聞けないよね。予防接種受けてきたなぁって、記憶をたどって『何の？何回目の？　そういえば風疹がどうのって言ってたな』と思って「風疹だっけ？」って聞くと、

「うん、そうだよ、混合だよ」と。で、事なきを得るんだけど、それをよもや「あれ、そうだったの？」なんて言おうものなら、「あんたの子でしょ（怒）」って。

I うちは予防接種のこと聞いたとしても怒られないかな、と思ってたんだけど、みなさんの話を聞いていて、もしかしたら、実は妻もそう思ってたのかも、という気づきが今……。

O 怒られるのは仕方ないとして、不機嫌なときの、理由がわからない時間がツラいですよね。聞いたら「わからないの!?」ってなりそうだし、はっきり言ってもらえたらありがたい。まあ、そんなの言うのもイヤなんだと思うけど。

妻との関係性のなかで育児をしている夫たちでも、この関係性も変わりつつある？

――育児のなかで工夫していることは？

I 僕が最近困るのが、着替えとかでも子どもが「ママじゃないとイヤ！」ってなることで。

T うちもです。そうなると、妻の怒りのボル

「妻に聞かれるとアレなんだけど」なんて言葉も飛び出しつつ、悩みや希望、今後の日本への展望まで、本音で語ってもらいました

テージが上がっていくのでまた困る。戦力にならないから「なんでなの（怒）!?」と。なんでかといえば「子どもと普段遊んでないから懐いてくれないんだよね!?」という話になり。

O　焦るよね。ママがいいって言われると。

T　朝の怒涛の1時間、妻は着替え、ご飯、保育園送り、とめちゃくちゃ忙しいのに、僕ができることはほぼなくて。だから、「ママがいい」問題は死活問題ですね。やっぱり子どもと接する時間が足りないのかなあ。

I　でも、子どもと結構たくさん遊んでてもそうなっちゃうんだよね。やっぱりママは絶対的存在なんだとは思う。だから最近僕は、子どものお気に入りの人形とかを連れてくる。「パパじゃなくて○○ちゃんと着替えよう」って。

T　なるほど。それは工夫してみます。

F　結局父親って、子どもと関わりたいって気持ちがある一方で、やっぱり奥さんの顔色を窺ってる存在なんだな、というのはあるよね。それはそれでよしだったりするし、そうじゃない時代になりつつあるのかなとも感じる。

T　公園とかはお父さん来てますもんね。

O　1歳半健診に連れて行ったけど、お父さんも結構いて、それが普通になってる感覚。

F　こういう時代になって、男性がコレ、女性がコレというんじゃなく、それこそダイバーシティで同性同士のパートナーが子育てすることだってあるだろうし、「昔、どっちがどっちって言ってたよね」っていう笑い話になったらいいなと思う。そういう社会にしていくのは、僕らのような企業の使命なのかもしれないし。

T　男性社員も時短勤務を取ったりとか。

O　まず、男性自身が取りたいと思えるような世の中の風潮になることが大事ですよね。

I　今は働いてる女性も多いし、そのなかで子どもも育てるって一人じゃできない。それをしつつ幸せに暮らしていくには、男性が家事育児をやるのが当たり前、って世の中になっていく必要がありますよね。自分ができてるかと言われると「頑張ります！」としか言えないけど。

愛しさ爆発！

子どもたちの オモシロ表情・行動集

親だからこそ見られる、子どもたちの摩訶不思議な表情や
面白すぎる行動が大集合！　子どもって、なんでこんなにかわいいの!?

赤ちゃんて演技もできるの!?

おっぱいをくわえる練習をしたくないときは、毎回この顔で気絶したふりをされた。子どもってすごい（笑）！

RKさん　長男（0か月）

SOさん　長女（11か月）

そうか、そんなに入りたかったか

在宅勤務をしているとき、ふと後ろを見たら。いつも侵入してくるので扉をロックしているのだが、これを見て、思わず侵入させてあげたのだった。

静かなときほど怪しむべし!?

静かなときほど、大がかりないたずらに夢中。気がつくと、おしり拭きがすべて床に……。でも、達成感に満ちたこの笑顔を見ると、イライラが消えるから不思議です。

YTさん　長女（11か月）

おじいちゃんにも近いです!?

授乳後、げっぷしてもらおうとしたら、この顔に! おじいちゃんと赤ちゃんって、紙一重なんだなと思った。

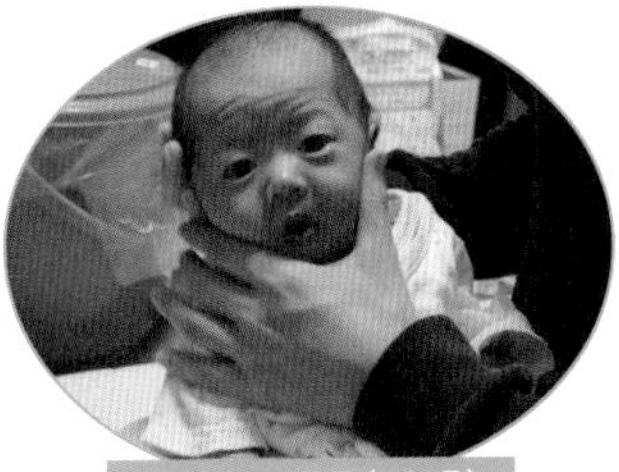

NTさん 長男(1か月)

NJさん 長女(4か月)

毛布にくるんだらおにぎり姿に!

赤ちゃんが落ち着く「おくるみ」の巻き方をSNSで見かけるたび、片っ端から試しました。効果は感じられませんでしたが、かわいいは正義です!

女の子なんだけどな……

夏、頭の中が汗でびしょびしょになるので、妻がバリカンで娘の髪を刈ってしまった。これではモヒカンだ。しばらくすると「これ(モヒカン)でも暑い」(妻)と坊主頭に。

JHさん 長女(4か月)

TYさん 長男(10か月)

一生懸命さが愛しい!

食事のとき、ブルブル震えるようになり、心配で病院に相談。「もっと食べたいのにうまく食べられなくて震えている」との診断に、家族で大笑い。よかった。いっぱい食べよう!

自分のことを大切にできて初めて、赤ちゃんのことも大切にできる YTさん（1児のママ）

ズバリ！育児を一言で表すと？

子育ては親育て

（子どもが0歳なら親も0歳。子どもだけでなく、親も一緒に育っていく） TIさん（2児のパパ）

かわいい看守がいる牢獄（笑）

（新生児のときにSNSで見かけて、まさに！と思った。でも、かわいい看守のためなら、スパルタお仕置きも耐えて頑張れる！）

NJさん（1児のママ）

育児は育自

KMさん（2児のママ）ほか

楽しんだもん勝ち

REさん（2児のパパ）

（育児川柳）

子育ては持ちつ持たれつ登山かな

（登った先に素敵な景色（未来）が待っている）

HOさん（2児のパパ）

全世界の「お母さん」は、
子1人あたり5億円もらっても
よいくらいの価値がある
（そのくらいの大変さと意義深さを兼ね備えている）
YMさん（1児のママ）

自分を見直す旅
SSさん（2児のパパ）

頑張ったぶんだけ
人生の夕焼けが美しい
（知り合いの年配の方の名言より）
KMさん（2児のママ）

修行。しかし、
明けない夜はない。
TUさん（2児のママ）

感情の宝庫
（うれしいことも大変なことも
とにかくたくさんある。知らなかった
感情を知ることができる）
YWさん（2児のママ）

子どもは親の鏡
MSさん（2児のパパ）

日々劇的な成長ドラマを
見せてくれるエンターテイナー
（強烈なアメとムチの使い手）**との共同生活**
AYさん（2児のパパ）

育児に正解も
不正解もない
KFさん（3児のパパ）

愛社精神やプロ意識が炸裂!?

ピジョン社員あるある

一生懸命なだけです。研究熱心なだけです。だから、つい思いがほとばしって!? ピジョン社員の「あるある」言動、最後にご紹介します。

街中で行き交うベビーカーをジロジロ見てしまう

タイヤがロックされた自社ベビーカーを見た日には、ついアドバイス。不審がられて慌てて社名を言う、なんてことも。

TSさん（30代男性／営業部門）

人の口を見ると、ところ構わず研究魂が発動

「おしゃぶり」研究の担当だと、大人・子ども関係なく、いろんな人の歯並びを見るクセがついてしまったりする。

YOさん（40代女性／マーケティング部門）

「おっぱい」「乳首」はもはや全く普通のワード

普通に「おっぱい」「乳首」などと恥ずかしげもなく言ってしまう。はたから見ると、かなり変な人では? と心配に。

TNさん（50代男性／CS部門）

そんじょそこらのおっぱい模型じゃダメなんです

さく乳器の研究のため、リアルな授乳期の乳房模型を苦労の末に完成（でも結局お蔵入り）なんてことも。

YOさん（30代男性／研究部門）

子どもを産んでいなくてもママの苦労がわかりすぎる

妊娠どころか結婚もまだなのに、ママになった友達から「実は子ども2人くらい育ててない?」と言われる。

TKさん（20代女性／マーケティング部門）

育休を取れない（取らない）パパへの怒りがすごい

パパも育休を取るのが普通だと思っているので、「育休が取れなかった」というパパとバトルになりがち。

RKさん（30代女性／マーケティング部門）

「子どもは宝」と毎日のように実感できる

出生率低下のなか、「子どもは宝」であることを、実地体験を通して学べ、自分ごととして実感できる。

YNさん（40代男性／営業部門）

世界中の赤ちゃんと家族の幸せを願わずにいられない

日々の仕事を通して、世界中の赤ちゃんとご家族の喜び・幸せ・感動に貢献できることが、とにかく幸せ!

SYさん（60代男性／役員）

Staff

ピジョン出版プロジェクトチーム
田村 望
寺村憲一郎
尾形真悟
綿貫優実
岡沢唯香
杉本日向
若山直樹

漫 画
倉田けい

ブックデザイン
坂野弘美

DTP
小川卓也（木蔭屋）

校 正
川平いつ子

営 業
大木絢加

編集協力・構成
小元佳津江

編 集
山﨑 旬

ピジョンの子《こ》育《そだ》て
育《いく》児《じ》用《よう》品《ひん》ブランドの社《しゃ》員《いん》たちが
本《ほん》気《き》で悩《なや》み、考《かんが》え、奮《ふん》闘《とう》した育《いく》児《じ》の話《はなし》

2023年1月19日　初版発行

著者
ピジョン出版《しゅっぱん》プロジェクトチーム

漫画
倉《くら》田《た》けい

発行者
山下 直久

発行　株式会社KADOKAWA
〒102-8177　東京都千代田区富士見2-13-3
電話 0570-002-301(ナビダイヤル)

印刷所
図書印刷株式会社

●お問い合わせ
https://www.kadokawa.co.jp/（「お問い合わせ」へお進みください）
※内容によっては、お答えできない場合があります。
※サポートは日本国内のみとさせていただきます。
※Japanese text only

定価はカバーに表示してあります。

ISBN 978-4-04-681303-9　C0077